AI 스.토.리.

AI를 활용해본 〈스피치와 토론〉 교수들의 리포트

AI 스.토.리.
AI를 활용해본 〈스피치와 토론〉 교수들의 리포트

2025년 3월 1일 초판 인쇄
2025년 3월 5일 초판 발행

지은이 | 이상철, 신동진, 심흥식, 김동규, 한성일, 우상수, 전영란, 이명선
교정교열 | 정난진
펴낸이 | 이찬규
펴낸곳 | 북코리아
등록번호 | 제03-01240호
주소 | 13209 경기도 성남시 중원구 사기막골로45번길 14
      우림2차 A동 1007호
전화 | 02-704-7840
팩스 | 02-704-7848
이메일 | ibookorea@naver.com
홈페이지 | www.북코리아.kr
ISBN | 979-11-94299-31-8(03070)

값 20,000원

Artificial Intelligence

AI
스·토·리.

AI를 활용해본
〈스피치와 토론〉 교수들의 리포트

이상철 · 신동진 · 심흥식 · 김동규 · 한성일 · 우상수 · 전영란 · 이명선

북코리아

머리말

　　AI 커뮤니케이션 시대에 접어들면서 새로운 현실이 전개되고 있다. 디지털 혁신과 인공지능(Artificial Intelligence)의 발전으로 인해 정보를 습득하고 소통하는 방식이 급격히 변하고 있다. 2016년 인공지능과 인간지능의 대결, 즉 이세돌과 알파고(AlphaGo) 사이에 벌어진 바둑 대국에서 4:1로 인공지능이 인간지능에 대해 압도적으로 승리했다. 최근에는 특히 OpenAI의 챗GPT로 대표되는 생성형 AI의 등장과 함께 인간의 커뮤니케이션 방식은 새로운 패러다임을 맞이하고 있다. AI는 사회, 문화, 경제, 비즈니스는 물론 교육 분야에까지 많은 영향을 미치고 있다. 이러한 변화 속에서 스피치와 토론 교육 역시 혁신의 필요성이 증대하고 있다. AI 시대에는 단순히 정보 전달을 넘어 논리적 사고, 창의적 문제해결, 그리고 설득력 있는 말하기 능력이 더욱 중요해지고 있기 때문이다.

　　이 책은 AI 시대의 스피치와 토론 교육이 어떻게 변화해야 하는지에 대한 깊이 있는 논의를 담고 있다. 특히 대학생들이 AI를 효과적으로 활용하면서도 인간 고유의 사고력과 표현력을 극대화할 수 있도록 돕는 것이 이 책의 주요 목표다. AI는 단순한 정보 제공 도구를 넘어 학습과 교육의 중요한 파트너로 자리 잡아가고 있다. 이에 우리 스피치와 토론 담당 교수들은 새로운 테크놀로지를 어떻게 효율적으로 활용할 것인지, 활용 시에는 어떤 문제점이 있는지, 우려되는 사항들은 무엇인지, 어떻게 대처하는 것이 바람직한지 등에 대해 머리를 맞대고 고민하고 논의했다.

이 책의 저술에 참여한 교수들은 성균관대학교에서 이상철 교수를 중심으로 수년간 스피치와 토론 교육을 담당해오고 있다. 〈스피치와 토론〉 교과목은 대학생들의 교양적 소양 함양은 물론 소프트파워가 더욱 경쟁력이 되는 시대에 공적 말하기 역량을 획기적으로 향상하기 위해 도입되어, 매년 약 3천 명이 수강해왔다. 교육과정에 새로운 기술을 활용하는 것은 매우 중요하다. 요즘 학생들은 디지털 네이티브 세대로서 기성 세대에 비해 컴퓨터와 디지털 기술 수용력과 활용력이 매우 뛰어나다. 그런데 AI 기술을 활용하는 데는 양면성이 있다. 자료 수집과 요약 등을 돕는 긍정적인 기능도 수행하지만, 기술에 대한 과도한 의존성을 길러주거나 허위 정보 같은 환각(hallucination) 현상도 나타난다. 우리는 AI 활용을 도외시할 수 없는 교육 현장에서 스피치와 토론 담당 교수로서의 다양한 경험을 논의하고 공유할 필요성에서 이 책을 집필하는 데 뜻을 같이했다. 저술에 참여한 교수들은 실제로 교육과정에서 AI를 사용해보고 학생들과 교류하고 확인하면서, 또 회의를 통해 그 경험을 공유하며 면밀히 함께 논의했다.

우선 AI 시대를 넘어 AGI(Artificial General Intelligence) 시대로 진입하는 단계의 시그널을 확인하고, AGI 시대 스피치 토론 교육의 당면 과제와 혁신을 기초로 논의하며, AI 기술을 어떻게 활용하고 그 이면의 문제는 무엇인가를 정리했다. 이어서 공적 말하기라는 스피치 토론 교육 과정에서의 개별 교수로서 다양한 경험을 공유하고 논의를 전개했다. 이와 함께 새로운 기술 사용과 관련된 교수 및 학습 윤리를 검토했다. 후반 부에서는 AI 활용 경험과 우려되는 사항들을 좌담 형식으로 대화를 진행하고, AI 기술을 활용하여 녹취록을 정리했다. 학생들의 생각이나 인식은 설문조사를 통해 데이터를 수집하여 그 결과를 정리하여 제시하고 있다.

1장은 AGI 시대 도래와 스피치 토론 교육의 혁신을 주제로 하여 이상철 교수, 신동진 초빙교수, 심홍식 겸임교수가 함께 집필했다. AGI 시대의 도래와 함께 스피치와 토론 교육이 어떻게 혁신될 수 있는지를 탐색했다. AI 기술이 빠르게 발전하면서 정보 습득 방식이 변화하고 있으며, 이에 따라 인간의 설득력과 논리적 사고 능력을 강화하는 방향으로 교육이 재구성될 필요성을 강조하고 있다. 특히, AI 기반 분석 도구를 활용한 논리적 구성과 발표 역량 강화 방안을 총론적으로 논의했다. 또한, AI가 인간의 언어 패턴을 학습하면서 공적 말하기에서의 역할이 어떻게 변화할 것인지에 대한 전망도 함께 다루고 있다.

2장은 대학교수들을 위한 AI 활용법에 대해 김동규 초빙교수가 설명했다. AI를 활용한 스피치와 토론 교육의 실질적인 전략을 다루고 있다. 특히 대학교수들이 AI를 효과적으로 강의에 접목할 수 있는 방법을 구체적으로 설명하며, AI 기반 강의 설계, 피드백 제공, 학생 맞춤형 학습 지원 등에 대한 활용 사례를 소개한다. AI를 보조 도구로 활용하여 교수자와 학생 간의 상호작용을 촉진하고, 창의적 사고와 논리적 표현력을 동시에 개발하는 방안을 제시하고 있다.

3장은 한성일 초빙교수가 AI 시대의 공적 말하기 교육을 집필했는데, AI 시대의 공적 말하기 교육이 갖는 의미를 분석했다. AI가 텍스트와 음성을 생성할 수 있는 시대에도 인간의 공적 말하기 능력은 여전히 중요하며, 특히 감성적 소통과 즉흥적 대응 능력이 강조된다. AI를 활용하여 논거를 정리하고 구조를 짜는 것은 가능하지만, 청중을 설득하고 감동시키는 것은 인간의 역할임을 강조한다. 또한, 공적 말하기에서 AI를 활용하는 구체적인 방법과 교육적 접근법도 함께 제시하고 있다.

4장은 AI 기반 스피치와 토론 교육의 실제 적용에 대해 우상수 초빙교수가 논의하고 있다. AI가 대학 강의에서 어떻게 적용될 수 있는지를 실질적인 예시를 제시하면서 함께 설명한다. AI 기반 토론 준비, 자료 분석, 발음 교정, 스피치 연습 등을 통해 학습자가 더욱 효과적으로 자신의 의견을 표현할 수 있도록 지원하는 방안을 소개하며, AI 활용 시 주의해야 할 윤리적 문제도 함께 논의한다. 더 나아가, AI의 도움을 받아 논리적 반박을 준비하는 과정과 실시간 토론 환경에서 AI를 활용하는 전략도 제시하고 있다.

5장은 전영란 초빙교수가 AI 시대의 인간 소통 능력 강화에 대한 경험을 공유한다. AI가 제공하는 논리적 분석과 데이터 기반 정보에 의존하는 것을 넘어, 인간의 창의적이고 감성적인 소통 능력을 강화하는 방법을 모색한다. AI의 장점을 활용하면서도 독창적인 표현과 설득력을 유지하는 것이 중요하며, AI와의 협력을 통해 더욱 효과적인 말하기 교육이 가능하다는 점을 설명한다. 또한, AI 시대에 인간의 직관적 사고와 감성적 소통 역량이 더욱 중요해지는 이유와 그에 따른 교육적 대응 전략도 다루고 있다.

6장은 AI와 윤리, 그리고 공적 말하기에 대해 이명선 초빙교수가 논의를 전개한다. AI 활용이 가져올 윤리적 문제와 그에 대한 해결책을 탐구한다. AI가 생성한 정보를 그대로 받아들이는 것이 아니라, 이를 검토하고 비판적으로 활용하는 능력이 중요함을 강조한다. 또한, 공적 말하기에서 윤리적 기준을 설정하고 책임감을 갖고 AI를 활용하는 방법을 제안한다. AI가 제시하는 정보의 신뢰성을 검증하는 방법과 AI 편향성을 고려한 윤리적 사용법도 함께 논의하고 있다.

7장은 "대학생 대상 AI 융합형 스피치와 토론 교육의 효과"라는 주제를 다룬다. 저술에 참여한 교수들이 자유롭게 방담의 형태로 좌담회를 한 것을 녹취하여 정리했다. 또한 AI 기반 스피치와 토론 강좌를 수강한 학생들의 경험과 설문조사 결과를 바탕으로 AI 융합형 강의의 효과를 분석하여 제시했다. 그 결과는 AI를 활용한 교육이 학생들의 논리적 사고력과 발표 역량을 향상시키는 데 기여했으며, AI 기반 맞춤형 피드백이 학습 효율을 높이는 데 긍정적인 영향을 미쳤음을 보여주고 있다. 학생들이 AI와 인간의 협력을 통해 말하기 능력을 발전시킬 수 있도록 교육 방향을 설정하는 것이 중요함을 강조한다.

AI는 더 이상 단순한 도구가 아니라 우리와 협력하는 존재로 자리 잡고 있다. 이제 우리는 AI를 어떻게 효과적으로 활용할 것인지 고민해야 하며, AI와의 협력을 통해 인간만이 가진 창의성과 감성적 소통 능력을 더욱 강화해야 한다. 특히 공적 말하기에서 AI의 보조적 역할을 인지하면서도, 궁극적으로 교육이 인간의 비판적 사고와 설득력을 키우는 방향으로 나아가야 할 것이다.

이 책은 AI 시대에 적합한 스피치와 토론 교육을 고민하는 대학생과 교수들에게 실질적인 통찰을 제공하고자 한다. 이 책을 통해 AI와 인간의 협업 가능성을 이해하고, 더욱 효과적인 말하기와 토론 능력을 갖추는 데 도움이 되길 바란다. AI와의 조화로운 협력을 통해 인간 고

머리말

유의 언어적·감성적 역량이 더욱 빛날 수 있기를 기대한다.

마지막으로 AI를 활용한 스피치와 토론의 경험을 공유하고 논의하면서 저술에 참여한 교수님들과 함께한 시간에 감사드린다. 교육과정에서 보여준 학생들의 관심과 반응 또한 논의를 풍부하게 하는 데 큰 도움이 되었다. 녹록지 않은 출판 현실에서도 흔쾌히 출간 제안을 수락해주신 북코리아 이찬규 대표님과 원고를 책의 형태로 잘 편집해주신 김지윤 선생님께 감사를 드린다.

2025년 3월
성균관대학교 교정에서
이상철, 신동진

CONTENTS

AI
스.
토.
리.

AI를 활용해본 〈스피치와 토론〉 교수들의 리포트

PART

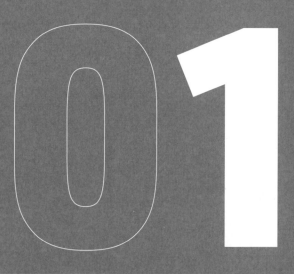

01

AGI 시대의
도래와
스피치 토론
교육의 혁신:

이상철,
신동진,
심흥식

창의적 소통과
설득의 미래

1
인공지능,
새로운 현실

바야흐로 AI 기반 '제2차 인지혁명' 시대다. 앨빈 토플러(Alvin Toffler)가 『제3의 물결』에서, 존 나이스비트(John Naisbitt)가 『메가트렌드』를 통해 예측했던 정보사회가 생성형 인공지능(Artificial Intelligence)이라는 새로운 모습으로 현실화되고 있다. 2022년 11월 OpenAI가 챗GPT(ChatGPT)를 일반 대중에게 공개함으로써 사람들은 AI 언어모델과 상호작용할 수 있게 되었다. 역사상 최단 시간에 가입자 수 1억 명을 돌파하며 전 세계인의 이목을 집중시켰다. 「포브스(Forbes)」지 최근 보도(2024년 9월)를 보면 AI 패권을 차지하기 위해 AI 언어모델을 둘러싼 글로벌 기술 기업들의 경쟁은 가속화되었고, 자본도 집중하고 있는 모양새다.

OpenAI의 챗GPT 공개 이후, OpenAI와 파트너 관계를 맺은 마이크로소프트(Microsoft)는 Azure 클라우드 플랫폼에 챗GPT 통합 및 코파일럿 기능 등을 도입하여 AI 기술 경쟁의 불을 지폈다. 알파벳(Alphabet,

Google)은 자사의 언어모델인 'Bard'를 출시하며 AI 대화모델 시장에 뛰어들었고, 아마존과 메타(페이스북)도 각각의 AI 시스템을 발전시키며 AI 혁명에 가세했다. 테슬라의 경우, 자율주행 시스템에 AI를 활용하면서 AI 연구 및 개발의 주요 참여자로 자리 잡았다. 2024년 GPT-4o는 자연어와 오디오 및 이미지, 비디오를 모든 조합으로 입력해 인식하고 다시 조합해 데이터를 산출하는 '멀티모달(multi-modal)' 기술로 좀 더 인간에 가까워졌다. 엔비디아(NVIDIA)의 CEO 젠슨 황을 비롯한 AI 전문가들은 향후 5년 이내에 사람을 꼭 닮은 AGI(Artificial General Intelligence) 출현을 예상했는데, 2024년 12월 샘 알트만은 o3 모델을 소개하며 AGI 단계에 이르렀다고 주장했다. AI가 곧 우리 일상으로 들어온다는 의미다. 2014년 영화 「Her」의 사만다가 우리 곁으로 바짝 다가온 셈이다.

챗GPT 출현과 진화에 특히 주목하는 것은 구글이 주도한 '검색'의 시대가 막을 내리고, 대화형 AI 시대를 열었다는 점이다. Chat=대화가 무엇인가? 호모사피엔스의 고유영역 아니었던가? 인간만이 가졌다고 여겨졌던 '생각과 소통'의 영역에 기계가 진입했다는 것이다. 1964년 마셜 매클루언(Marshall McLuhan)의 "미디어는 인간의 확장(extensions of man)"이라는 말은 당시에는 미래 기술에 대한 추상적인 개념처럼 보였을지 모르지만, 오늘날의 AI 기술, 특히 생성형 AI와 AGI의 발전을 보면 그의 통찰력이 놀랍게도 정확하다. 특히, 챗GPT 같은 AI가 인간의 생각과 언어 패턴을 점점 더 닮아가며 진화하는 모습은 매클루언의 주장을 직접적으로 증명하는 사례라 할 수 있다. AGI는 매클루언의 "인간의 확장"이라는 주장을 시작으로, '딥러닝의 아버지'로 불리며 노벨 물리학을 수상한 제프리 힌턴 교수를 비롯한 학자들의 "인간의 종말을 가져올 수 있다"는 비관론과 경고도 잇따르고 있다. 따라서 이러한 패러다임의 대전환 문제는 공학이나 자연과학, 뇌과학 등의 영역에만 맡겨놓을 시기가 지났다. 뇌과학과 컴퓨터공학 등 모든 영역에서 인간의 인지적 구조와 과정을 밝혀냈고, 이를 기계에 적용해 학습시킴으로써 대혁신을 이루고 있다.

학교, 기업, 각종 교육기관 등에서 생성형 AI 사용을 위한 교육이 봇물처럼 쏟아지고 있다. 제대로 가르칠 강사가 부족하다는 볼멘소리도 나온다. 대학교육도 근본적인 방향 전환이 필요하다. 스마트폰은 전화번호를 기억할 필요가, 자동차 내비게이션은 길 찾기 정보를 기억할 필요가 없게 만들었다. 이제 단순암기형 교육이나 주입식 교육은 쇠퇴할 것이다. 특히 전문지식 전달에 집중하고 있는 대학교육도 중지를 모아 새로운 틀을 마련해야 한다. 커뮤니케이션학 영역에서도 AI 인지 혁명이 인간 활동과 의사결정에 미치는 영향이나 소통 양식의 변화, AI와 민주적 여론 형성, 문맥적 문해력 향상, 융합적 사고, 지식 격차 해소, 불평등 심화와 사회 갈등 등 다양하고 융합적인 학제 간 연구가 시급하다. 그 기초에 'AI 시대와 인간 커뮤니케이션'이 있으며, 호모사피엔스 진화의 핵심 열쇠인 언어에 기반한 말하기, 토론이 자리하고 있다. 거시적 측면에서 산업-인지 혁명의 역사와 AI 시대의 특징은 무엇인가? 이에 상응하여 스피치와 토론 교육은 어떻게 진화해야 할 것인가?

2
인간과 AI 간
상호작용 커뮤니케이션 연구와
교육은 어떻게 할 것인가

오늘날 AI는 기계학습과 추론 능력을 통해 인간의 뇌가 학습하는 방식과 유사한 과정을 따르고 있다. 초기에는 단순한 데이터 처리와 규칙 기반의 프로그래밍에 국한되었던 AI는 이제 데이터를 학습하고, 그 속에서 패턴을 찾아 스스로 발전하는 능력을 갖추었다. 이러한 변화는 AI가 단순한 도구에서 벗어나, 인간 사고의 확장자이자 인간과의 협력적 동반자로 자리매김할 가능성을 열어준다. 그리고 이는 단순한 기술적 발전을 넘어서서, 인간과 AI 간의 소통이 점점 더 중요해지고 있다는 점을 시사한다.

지금까지 인간은 주로 '프롬프트 엔지니어링(prompt engineering)'이라는 방식으로 AI와 상호작용을 해왔다. 이는 AI에 명확한 지시를 내리고, 그에 따른 결과를 얻는 방식이었다. 하지만 AI가 더 복잡한 문제를 해결하고 인간의 사고 과정을 모방하며 스스로 학습하고 발전할 수 있게 되면서, 이와 같은 단순한 상호작용만으로는 한계가 있을 수밖에 없다. 앞으로는 인간과 AI 사이의 소통을 더욱 깊이 이해하고, 이를 커뮤니케이션 연구의 새로운 장으로 확대해야 할 필요성이 커지고 있다.

AI와 인간 간의 소통 문제는 기술적인 부분만이 아니라 심리적·언어적·인지적 차원에서 접근해야 할 필요가 있다. AI는 데이터를 학습하고, 이를 통해 결론을 도출하는 과정을 밟지만, 인간과는 다른 방식으로 사고하고 반응할 수 있다. 인간과 AI 간의 상호작용이 더 효율적이고 자연스러워지기 위해서는 AI 언어모델뿐만 아니라 인간의 소통 방식과 그 심리적 배경을 더 깊이 연구할 필요가 있다. AI가 인간의 의도를 더 잘 이해하고, 인간의 복잡한 감정과 사회적 문맥까지 파악할 수 있는 수준으로 발전하기 위해서는 프롬프트 엔지니어링 이상의 접근 방식이 필요하다.

이와 같은 문제의식에서, AI와 인간 간의 커뮤니케이션 연구는 다음 몇 가지 핵심 방향으로 나아가야 한다. 첫째, AI가 단순한 명령어를 처리하는 것에서 벗어나, 인간의 의도와 맥락을 이해하는 능력을 키워야 한다. 둘째, AI와의 상호작용에서 발생하는 윤리적·사회적 문제들을 고려한 연구가 필요하다. 셋째, 인간과 AI가 협력하여 문제를 해결할 수 있는 새로운 소통 방식을 개발해야 한다.

결국, AI의 발전은 기술적인 문제를 넘어서 인간과 AI가 어떻게 상호작용하고 협력할 것인가에 대한 문제로 확장되고 있다. 인간과 AI 간의 소통 방식에 대한 연구를 말하기(speech), 토론(discussion), 내면 소통(intra-personnal communication), 대인 소통(inter-personal communication), 인간-AI 간 소통(human-AI communication) 등 커뮤니케이션 제 분야로 확장하고 심화해야 한다. AI와의 상호작용이 단순한 도구적 사용을 넘어서, 인간 사고와 커뮤니케이션의 진정한 확장으로 나아가기 위해서는 이 문제에 대한 깊은 이해와 연구가 필수다. 즉, 커뮤니케이션학계의 1980년대, 즉 1983년 *Journal of Communication* 여름호 "커뮤니케이션 학계의 대논쟁(Fernent in the field)" 이후 2000년대의 인터넷과 소셜미디어 연구에 이은 미디어 기술 발전의 역사에서 가장 큰 연구 어젠다일 것이다.

3
커뮤니케이션 테크놀로지 발전과 사회 변동

호모사피엔스의 말하기 역사는 인류의 발전 과정에서 중요한 변곡점을 이룬다. 인간은 언어라는 도구를 통해 복잡한 사고를 전달하고, 공동체를 조직하며, 문명을 구축할 수 있었다. 특히, 새로운 미디어 커뮤니케이션 기술이 발명될 때마다 인간의 소통 방식은 급격하게 변했고, 이러한 변화는 사회 구조와 역사의 흐름에도 큰 영향을 미쳤다. 인류 역사의 중요한 순간들, 즉 제1차 인지 혁명, 문자의 발명, 인쇄술의 등장, 방송 기술의 발전, 정보통신 혁명, 그리고 생성형 AI의 등장을 통해 말과 소통 방식은 어떻게 변해왔는가?

1) 제1차 인지 혁명(약 7만 년 전)

약 7만 년 전, 인류는 '제1차 인지 혁명'이라 불리는 중요한 변화를 겪었다. 유발 하라리는 그의 저서 『사피엔스』에서, 이 혁명을 통해 호모 사피엔스가 복잡한 언어를 사용하게 되었다고 설명한다. 이 언어는 단순히 생존을 위한 도구를 넘어, 추상적인 개념을 전달하고 미래의 계획을 공유할 힘을 제공했다. 이를 통해 인간은 더 큰 공동체를 조직하고, 협력의 범위를 넓힐 수 있었다. 인류는 단순한 의사소통을 넘어서 신화와 이야기를 공유함으로써 다른 종과 차별화된 사회적 협력의 기틀을 마련했다. 이로 인해 부족 같은 초기 사회 조직이 생겨났고, 언어는 사회적 구조 형성의 핵심 도구가 되었다.

2) 문자의 발명(기원전 약 3천 년)

문자의 발명은 인류의 소통 방식에 또 한 번의 혁신을 가져왔다. 페니키아인이 알파벳을 발명하면서 문자는 처음으로 널리 사용되기 시작했고, 이를 통해 법, 역사, 무역 등을 기록할 수 있게 되었다. 문자는 말이 지닌 일시적 특성을 극복하고 영구적인 기록을 가능하게 했다. 기록된 문서는 단순한 기억의 도구를 넘어서, 더 복잡한 사회적·정치적 구조를 가능하게 했다. 문자가 만들어지면서 국가와 제국은 발전했고, 계층적 사회 구조와 법적 제도가 등장했다. 이로써 문명은 더욱 안정적인 형태로 발전할 수 있었고, 대규모 공동체 조직이 가능해졌다.

3) 인쇄기술의 발명(1440년)

　　15세기 중반, 구텐베르크가 발명한 인쇄술은 인류의 소통 방식에 또 다른 중요한 변화를 불러일으켰다. 인쇄기는 책을 대량으로 생산할 수 있는 기술을 제공함으로써 정보가 빠르게 확산할 수 있는 길을 열었다. 이로 인해 지식에 대한 접근이 훨씬 쉬워졌고, 문해율은 급격히 상승했다. 인쇄술은 종교개혁을 촉발하며 새로운 종교적 사상이 널리 퍼질 수 있게 했고, 계몽주의 같은 새로운 지적 운동을 탄생시켰다. 인쇄된 글은 중산층에게 권력 구조를 비판하고 혁명적 변화를 요구할 수 있는 도구가 되었고, 이는 프랑스 혁명 같은 사회적 변화의 원동력이 되었다.

4) 방송 기술의 발전(20세기 초반)

　　20세기에 들어와서는 라디오와 텔레비전 같은 방송 기술이 등장하면서 인간은 전파와 전기를 이용해 정보를 전 세계로 즉각적으로 전달할 수 있게 되었다. 방송은 개인적인 소통을 넘어서 대중적 소통의 시대를 열었으며, 이를 통해 세계는 '지구촌(global village)'으로 통합되었다. 마셜 매클루언이 말한 것처럼, 방송은 전 세계 사람들에게 동일한 경험을 즉시 공유하게 하여 정치와 문화, 그리고 공적 담론에 강력한 영향을 미쳤다. 방송을 통해 대규모 사회적 움직임이 조직되었고, 세계대전, 인권운동 등 글로벌 사건들이 실시간으로 확산하고 동원될 수 있었다.

5) 정보통신 혁명과 인터넷의 등장(20세기 후반)

20세기 후반, 월드 와이드 웹(www)의 발명으로 정보통신 혁명이 시작되었다. 인터넷은 사람들 간의 소통 방식을 극적으로 변화시켰다. 인터넷은 처음으로 전 세계를 실시간으로 연결했고, 사람들은 쌍방향으로 의사소통을 할 수 있게 되었다. 이로 인해 개인은 더 이상 정보의 수동적 수용자가 아닌, 정보를 생산하고 공유하는 능동적 주체로 변모했다. 소셜미디어의 등장은 사람들 간의 상호작용 방식을 근본적으로 바꾸었으며, 새로운 디지털 커뮤니티와 사회운동을 촉발했다. 이 혁명은 글로벌 경제, 정치, 그리고 사회 전반에 걸쳐 광범위한 변화를 일으켰고, 세계화는 가속되었다.

6) 생성형·대화형 AI 등장: 제2차 인지 혁명(21세기)

21세기에는 또 다른 커다란 변화가 일어났다. AI 기술, 특히 챗GPT로 대표되는 생성형 언어모델의 등장은 인간과 기계 간 소통의 경계를 허물었다. 이러한 AI는 단순히 인간의 질문에 답하는 수준을 넘어서, 상호작용을 통해 스스로 학습하고 발전할 수 있는 능력을 지니게 되었다. 생성형·대화형 AI는 인간과의 소통을 실시간으로 확장하고, 점점 더 개인화된 정보를 제공하며 소통의 효율성을 높이고 있다. 이로 인해 AI는 교육, 경제, 정치 등에 새로운 변화를 불러일으키며 인간의 삶과 사회 구조에 깊이 영향을 미치고 있다. AI의 창의성, 의사결정 참여에 대한 윤리적 문제 역시 제기되고 있으며, 이는 제2차 인지 혁명의 시작을 알리는 중요한 신호가 되고 있다.

이처럼 인류의 말하기와 소통 방식은 각 시대의 기술적 발전과 함께 변화해왔고, 그 과정에서 인간사회의 구조 또한 급격히 변화했다. 언어라는 도구는 단순한 소통 수단에서 벗어나 인간이 조직되고, 협력하며, 문명을 발전시키는 데 핵심적인 역할을 해왔다. 각종 기술 혁명이 축적되면서 인류는 더 빠르고 효율적으로 소통할 수 있게 되었고, 그에 따라 사회의 변화 속도 또한 점점 더 가속화되고 있다.

4
생성형 AI 시대의
스피치 토론 교육은
어떻게 할 것인가

생성형 AI의 출현과 제2차 인지 혁명은 인간의 학습, 사고, 창의적
활동에 중대한 변화를 불러일으키고 있다. AI가 많은 지적 활동을 대신
하거나 지원할 수 있게 되면서, 인간의 역할이 어디에서 더 중요한지를
고민할 필요가 있다. 이 맥락에서 스피치 영역이 더욱 중요해질 가능성
이 크다.

1) AI 시대에 더 중요해지는 스피치 토론 교육

첫째, 스피치는 즉각성과 상호작용성을 가진다. AI는 정보 처리와
분석, 학습 자료 생성에 강력한 도구지만, 인간 대 인간의 즉각적이고
상호작용적인 대화는 여전히 중요한 가치를 지닌다. 사람들은 말하기

를 통해 감정, 문화적 맥락, 미묘한 뉘앙스를 교환하는데, AI는 이러한 부분에서 아직 한계가 있다. AI가 텍스트를 생성하고 분석하는 데 탁월한 능력을 발휘할지라도 실제 대화에서 발생하는 미묘한 감정적 상호작용과 인간적 연결성으로 인해 말하기(speech)는 더 중요해질 수 있다.

둘째, 스피치는 설득의 핵심적 도구다. 연설, 토론, 협상 등에서는 단순한 정보 전달 이상의 설득력이 필요하다. AI는 데이터와 논리적 기반을 제공할 수 있지만, 인간의 카리스마, 감정적 호소, 즉석 대응 능력 등은 말하기에서 인간만이 갖는 중요한 부분이다. 이 점에서 AI 시대에 인간이 가질 수 있는 가장 중요한 능력 중 하나는 설득력 있게 말하는 능력이 될 것이다.

스피치는 인간의 독창성과 관련이 깊다. AI는 정교한 텍스트나 자료를 생성할 수 있지만, 창의적이고 독창적인 생각과 결정을 실시간으로 만들어내는 것은 여전히 인간의 영역이다. 말하기를 통해 새로운 아이디어를 탐구하고 토론하는 과정에서 인간은 AI가 제공하는 정보를 넘어서 창의적 사고를 발휘할 수 있다. 스피치는 AI 시대에도 인간의 독창성, 직관, 그리고 문제해결 능력을 발휘하는 중요한 수단으로 자리 잡을 것이다.

셋째, 스피치는 교육과 리더십에서 여전히 핵심 요소다. AI가 학습자료를 제공하고 학생들의 학습을 지원할 수 있지만, 교육에서의 말하기 능력은 여전히 핵심이다. 교수자는 AI가 제공하는 정보와 함께 인간적 연결을 통해 학습자의 동기를 부여하고, 복잡한 개념을 설명하며, 토론을 이끌어가는 데 중요한 역할을 한다. 리더십에서도 말하기는 조직을 이끄는 중요한 수단이다. AI가 데이터를 분석하고 전략을 제시할 수 있어도 이를 바탕으로 사람들을 결집하고 행동을 촉구하는 것은 여전히 말하기를 통해 이루어진다.

　　AI 시대에는 정보와 분석을 담당하는 AI가 인간의 많은 인지적 활동을 대신할 수 있겠지만, 스피치는 여전히 인간 고유의 강점이자 필수 능력으로 남을 것이다. AI와 인간의 협력 속에서도 인간의 말하기 능력은 감정적 연결, 설득, 독창성, 그리고 리더십에서 그 중요성이 더욱 부각될 것으로 전망할 수 있다.

　　대학교육은 AI가 주도하는 제2차 인지 혁명에 맞춰 단순암기식 교육에서 벗어나 비판적 사고, 창의적 문제해결, 감성 지능, 그리고 실질적인 소통 능력을 중심으로 변화해야 한다. 스피치 토론 교육은 이러한 변화의 핵심에 있으며, 학생들이 AI와 협력하면서도 인간적 감성과 설득력을 유지하는 능력을 강화하는 데 중요한 역할을 할 것이다.

2) 비판적 사고와 문제해결 능력 강화

　　AI가 방대한 양의 정보를 신속하게 처리할 수 있는 만큼 인간은 정보의 단순암기가 아니라 이를 비판적으로 평가하고, 문제를 해결하는 능력을 길러야 한다. 스피치 교육은 학생들이 비판적으로 사고한 내용을 다른 사람과 토론하고 설득하는 능력을 기르는 데 중점을 둔다. 특히, 논리적이고 설득력 있는 표현을 통해 자신이 분석한 자료를 토대로 대중을 설득하는 능력은 AI 시대에 더욱 중요해질 것이다. 따라서 대학에서도 논리적 사고와 창의적 문제해결을 위한 토론 중심의 교육을 강화해야 할 것이다.

3) 창의성과 협력 능력의 강화

AI는 데이터를 기반으로 학습하고 예측하는 데 강점을 보이지만, 창의적인 아이디어나 혁신적인 해결책을 제시하는 데는 한계가 있다. 따라서 인간은 더욱 창의적이고 독창적인 방식으로 사고할 수 있는 능력을 발전시켜야 한다. 스피치 교육은 다양한 아이디어를 공유하고, 팀과 협력하여 복잡한 문제를 해결하는 데 중요한 역할을 한다. 특히, 토론과 협력적 의사소통을 통해 다양한 의견을 수렴하고 조율하는 능력은 창의성을 발휘할 수 있는 환경을 제공한다. 대학교육은 창의적인 팀 기반 프로젝트와 이를 표현하고 발표하는 능력을 중시하는 교육모델로 전환할 필요가 있다.

4) 인간적 소통과 감성 지능의 중시

AI는 데이터 기반의 논리적인 분석을 제공할 수 있지만, 감성과 공감을 통한 소통은 여전히 인간의 영역이다. 감성 지능은 직장과 사회 전반에서 관계를 형성하고, 리더십을 발휘하는 데 중요한 요소다. 스피치 교육은 단순히 논리적이고 설득력 있는 말하기뿐만 아니라 청중과 감정적으로 소통하는 방법, 청중의 반응을 실시간으로 읽고 이에 적응하는 능력도 포함한다. AI 시대에는 인간의 감성 지능이 더욱 중요해지며, 이는 대학에서 연설, 발표, 토론을 통해 연마할 수 있다. 대학은 이러한 능력을 함양하기 위해 감성 지능과 소통 능력을 중심으로 하는 의사소통 과목을 강화해야 한다.

5) AI 활용 능력과 함께하는 스피치 교육

AI가 정보 제공의 주요 도구로 자리 잡으면서, AI와 협력하여 지식을 확장하고 새로운 통찰을 얻는 능력이 중요해지고 있다. 학생들은 AI가 생성한 정보를 효과적으로 분석하고, 이를 기반으로 논리적이고 설득력 있는 스피치를 할 수 있게 된다. AI가 데이터를 처리하고 분석하는 역할을 한다면, 인간은 그 데이터를 해석하고 의미를 도출하며, 이를 청중에게 전달하고 이해시키는 능력이 필요하다. AI 기술을 교육에 통합하면서, AI와 데이터를 활용한 발표와 토론을 강화할 필요가 있다.

6) 입시 중심에서 벗어나 실질적인 소통 능력 강화

입시 중심 교육은 실질적인 소통 능력을 기르는 데 한계가 있다. 실제로 사회에서 필요한 의사소통 능력은 정보의 전달뿐만 아니라 협상, 설득, 창의적 사고 같은 다양한 요소가 포함된다. 입시 위주의 시험에서 벗어나, 대학에서는 실제로 실용적인 의사소통 능력을 강화하는 교육이 필요하다. 예를 들어, 학생들이 다양한 사례를 바탕으로 실제로

연설하고, 그 과정에서 피드백을 주고받으며 능력을 키워가는 방식이
유용할 것이다. 이러한 교육과정은 학생들이 사회에 나가서도 창의적
이고 설득력 있게 소통할 수 있도록 준비시킬 것이다.

5
스피치 교수들은
무엇을 할 것인가:
AGI 시대에 대비한 스피치 토론 교육

AI 시대의 요구에 부응하는 스피치 토론 교육의 핵심은 실시간 소통, 감정적 호소, 창의적 문제해결을 강조하는 것이다. AGI 시대 스피치와 교육의 목표는 다음과 같이 정의될 것이다. 첫째, 말하기와 토론의 중요성을 인식하고, AI 시대가 요구하는 인간 고유의 창의적 소통 능력을 개발한다. 둘째, 실시간 상호작용 능력을 통해 설득력 있는 말하기와 비판적 사고를 바탕으로 한 논리적 토론을 진행한다. 셋째, AI를 활용한 자료 조사 및 분석 능력을 기르고, 이를 기반으로 한 스피치와 토론을 통해 실전 능력을 배양한다.

1) AI를 활용한 맞춤형 스피치 과제 생성

생성형 AI는 학생의 학습 수준, 관심사, 성향을 파악한 후 개인 맞춤형 스피치 과제를 생성할 수 있다. 예를 들어, 특정 학생이 논리적 설득력을 기르고자 한다면, AI는 논증적 말하기 주제를 추천하거나, 그에 맞는 자료를 제공할 수 있다. 학생은 AI가 제시한 자료나 주제를 바탕으로 스피치를 준비하고, 튜터와의 소규모 튜토리얼 세션에서 이를 발표한 후 피드백을 받는다. 이 과정에서 AI는 학생의 말하기 패턴을 분석하고, 개선할 부분을 제안할 수 있다.

2) AI 기반 스피치에 대한 실시간 피드백

생성형 AI는 학생의 발음을 분석하고, 억양, 속도, 말의 명료성을 실시간으로 평가할 수 있다. 스피치 연습 과정에서 AI는 학생에게 즉각적인 피드백을 제공하여 더 나은 발음, 표현 방식, 그리고 청중에게 더 설득력 있는 전달 방법을 제시한다. AI 피드백을 바탕으로 학생은 스피치를 반복적으로 연습한 후 튜토리얼 세션에 참여한다. 튜터는 AI가 제공한 피드백을 기반으로 학생의 진전을 분석하고, 더 구체적인 조언을 제공한다. 이 과정에서 AI와 튜터의 상호보완적인 피드백이 학생의 말하기 능력을 효과적으로 향상시킬 수 있다.

3) AI와의 시뮬레이션 대화

AI는 대화형 시뮬레이션을 통해 학생들이 다양한 상황에서 말하기 능력을 연습할 수 있도록 돕는다. 예를 들어, AI는 청중 역할을 맡아 학생에게 질문을 던지거나 반대 의견을 제시하여 학생이 실시간으로 반응하고 논쟁하는 능력을 기를 수 있다. 이러한 시뮬레이션 연습 후, 학생은 튜터와의 세션에서 실제 대화를 통해 학습한 내용을 적용할 수 있다. AI와의 시뮬레이션으로 기본 연습을 한 후, 튜터와의 세션에서 더 복잡하고 심화된 토론을 진행함으로써 실전 말하기 능력을 강화할 수 있다.

4) 생성형 AI를 통한 즉각적인 토론 자료 생성

생성형 AI는 학생이 준비하는 스피치 주제에 대해 다양한 자료나 예시를 즉각적으로 생성할 수 있다. 학생이 특정 주제에 대해 조사할 때, AI는 관련 논문, 통계, 기사 등을 추천하고 요약해줄 수 있다. 이를 통해 학생은 더 깊이 있는 자료를 바탕으로 스피치를 준비할 수 있다. AI가 제공한 자료를 기반으로 학생은 더 빠르고 효율적으로 스피치를 준비할 수 있으며, 튜토리얼 세션에서 이를 바탕으로 토론을 진행한다. 학생은 AI가 제공한 자료를 이용해 논리적으로 말하는 능력을 키우고, 튜터는 이에 대해 비판적 피드백을 제공한다.

5) AI와 인간 튜터의 역할 분담

반복적인 연습, 발음 교정, 기초적인 논리 구조에 대한 피드백 등에 AI를 효과적으로 활용할 수 있다. 예를 들어, 학생이 기본적인 말하기 연습을 할 때 AI는 발음, 말의 속도, 억양 등 기술적인 부분에서 도움을 줄 수 있다. 반면, 인간 튜터는 더 복잡한 감정적·사회적 맥락에서의 소통, 설득력 있는 표현, 청중과의 상호작용에 대한 피드백을 제공할 수 있다. 튜터는 말하기에서의 문화적 맥락, 청중의 반응에 대한 전략 등을 가르치며, AI가 제공할 수 없는 감정적 소통의 중요성을 다룬다.

6) AI가 학습 데이터 분석 및 맞춤형 학습 경로 제공

AI는 학생들의 학습 패턴, 말하기 발전 속도 등을 분석해 맞춤형 학습 경로를 제안할 수 있다. 학생이 특정 말하기 기술에서 어려움을 겪는다면, AI는 그에 맞춘 추가 연습 자료나 피드백을 제공할 수 있다. 튜터는 AI가 제공하는 학습 데이터를 바탕으로 학생의 학습 성향을 분석하고, 학습 전략을 제시한다. 이를 통해 학생은 더 개인화된 학습 경험을 얻을 수 있으며, 교수자인 튜터는 AI가 제공하는 데이터를 바탕으로 더 정교한 맞춤형 피드백을 제공할 수 있다.

생성형 AI를 활용한 스피치 교육에서의 튜토리얼 시스템은 학생 개별 맞춤형 학습과 실시간 피드백을 강화하는 데 큰 도움이 될 수 있다. AI는 자료 제공, 발음 교정, 시뮬레이션 대화 등을 지원하고, 인간 튜터는 비판적 사고와 감정적 소통 등 더 복잡한 피드백을 제공한다. 이러한 방식으로 학생들은 더 깊이 있는 말하기 훈련을 받을 수 있으며, AI와 인간의 상호보완적 역할을 통해 AI 시대에 맞는 교육 혁신을 이룰 수 있다.

6
모든 것은 말하기에서 출발한다:
AI 리터러시와 파토스를 강화한
스피치 토론 교육을 향하여

마셜 매클루언은 "미디어는 곧 메시지"라고 언명했다. 7만 년 전 언어의 발명에서 시작하여 문자, 전파매체, 정보통신과 인터넷을 거쳐 이제는 AI가 확산하면서 AGI(Artificial General Intelligence, 일반인공지능) 시대로 향하고 있다. 대격변은 언제나 커뮤니케이션 테크놀로지 진화와 함께했다. 소통 양식의 변화는 우리의 삶을 어디로 향하게 할 것인가? 인간보다 1만 배나 뛰어나다는 ASI(Artificial Super Intelligence, 초인공지능)가 출현하면 인류는 멸종에 이르게 될 것인가? 아니면 불멸의 호모데우스(신이 된 인간)가 될 것인가? 역사가 그러했듯이 사회 모든 부문에서 혁명적 변화가 도래할 것이다. 부의 이동, 빈부격차, 불평등, 노동과 일자리 등 모든 분야에 쓰나미가 예상된다. 인문학과 사회과학은 이 문제에 답해야 한다.

미디어 시대에는 로드아일랜드 대학(University of Rhode Island)의 르네 홉스(Renee Hobbs), 마셜 매클루언 같은 미디어 학자들이 미디어 리터러시(media literacy)를 강조했다. 현대 미디어 사회를 살아가기 위해서는 "인간 감각 기관의 확장"이라고 할 수 있는 미디어에 대한 이해가 필수라는 것이다.

AI 시대에는 AI 리터러시가 필요하다. AI가 무엇인지, 어떤 능력이 있는지, 어떻게 활용할 수 있는지에 대한 기본 학습을 해야 한다. 즉, AI에 대한 사용 능력이다. 이를 활용해 우리는 정보를 얻고, 학습에 활용할 수 있으며, 국제정세에 대한 자료를 확인할 수 있다. AI가 제공하는 정보와 지식이 정말로 나에게 필요한 것인지, 정확한 것인지, 허위는 아닌지 등도 점검해야 한다. 이러한 총체적 역량을 AI와 커뮤니케이션에 대한 리터러시라고 할 수 있을 것이다.

유럽에서도 핀란드의 교육은 암기식이 아닌 창의력과 문제해결 능력을 키우는 데 중점을 두는 것으로 평가받는다. 특히 토론 기반 학습과 실습 중심 교육을 강조하여 학생들이 비판적으로 사고하고, 현실 세계에 적용할 수 있는 지식을 학습하도록 유도한다. 또한 현실 문제해결 프로젝트를 통해 학생들이 실질적인 의사소통 능력을 배양하도록 장려한다. 학생들은 다양한 팀 프로젝트에서 협력하고, 문제를 분석한 뒤 발표하는 과정을 거치며, 말하기 능력과 창의적 사고를 동시에 발전시킨다.

스피치 토론 분야에 적용하면, AI의 발전은 실시간 소통과 상호작용의 중요성을 더 부각시켰다. 음성인식 기술, 대화형 AI, 가상회의 시스템 등은 말하기의 즉각적인 상호작용성을 극대화하고 있다. 특히 생성형 AI는 텍스트 기반 소통을 넘어서 음성 기반 소통에서도 큰 진전을 보이며, 말하기는 실시간으로 정보를 교환하고 피드백을 받는 소통의 주요 수단으로 부활하고 있다. 인간의 감정과 상호작용은 글보다 말하기에서 더 명확하게 전달된다. AI는 감정 분석, 목소리 톤 분석 등을 통해 사람의 말에서 더 풍부한 맥락적 정보를 파악할 수 있게 되었으며, 이는 대면 소통에서 감정적 뉘앙스가 더 중시되는 시대적 변화와 맞물린다. AI와 상호작용할 때, 말하기는 더욱 자연스럽고 인간적 요소를 강화하는 수단이 될 것이다.

AI가 많은 정보를 처리하고 분석할 수 있지만, 설득과 협상은 인간의 말하기에서 여전히 핵심적인 역할을 한다. AI는 데이터 기반의 제안과 논리를 제공할 수 있지만, 이를 바탕으로 사람들을 설득하거나 협상에서 성공을 이끌어내는 것은 말하기 기술에 달려 있다. 이는 정치, 경영, 교육 등 다양한 분야에서 인간 리더십의 중요한 요소로 남아있다. 말하기는 단순한 논리 전달을 넘어서 감정적 호소를 통해 사람 간 신뢰를 구축하는 중요한 도구다.

AI 시대에 가장 중요한 요소는 역시 '인간다움'이 아닐까? 인의예지신(仁義禮智信)의 전통적 가치가 구현되는 더불어 사는 공동체 추구라는 인간 본연의 가치로 돌아가는 것이 인간중심주의 확립의 단초가 될 것이다. 미래학자 존 나이스비트는 『하이테크 하이터치(High Tech, High Touch)』라는 저술을 통해 과학기술이 고도로 발전할수록 인간적 감수성과 예술이 더욱 중요해질 것이라고 강조했다. 알고리즘이라는 로고스(logos)로 무장한 첨단 기술이 더욱 확산하는 AGI 시대에 스피치와 토론 교육에서 파토스(pathos)와 에토스(ethos)를 한층 더 강조하지 않을 수 없게 되었다.

AI
스.
토.
리.

AI를 활용해본 〈스피치와 토론〉 교수들의 리포트

PART

02

〈스피치와 토론〉
교수님들을
위한
AI 활용법 교육:

챗GPT
활용 전략

김동규

〈스피치와 토론〉 교수님들은 어떤 내용의 챗GPT 활용법을 배우면 좋을까? 이 장에서는 〈스피치와 토론〉 교수님들을 위해 맞춤으로 준비한 챗GPT 활용법 교육을 소개하고자 한다. 특히 인문학적 배경을 가진 분들에게 도움이 될 것이다. 필자는 현재 성균관대학교 학부대학 초빙교수로 〈스피치와 토론〉 강의를 하면서 스피치 교육의 디지털 전환을 연구하고 있다. 〈스피치와 토론〉 강좌에는 2019년 아리스토텔레스 레토릭 연구로 박사학위를 받은 사연으로 2020년부터 합류하여 만 5년째 강의 중이다. 디지털 기반 스피치 교육 연구는 2020년 코로나19 대유행으로 디지털 기반 비대면 교육이 전면 시행되면서 본격적으로 진행했다. 3년 전부터는 디지털 기반 연구에서 AI 기반 연구로 고도화하고자 AI 석사를 시작했고, 현재는 AI 융합 공학 박사과정에서 'AI 기반 스피치 실습 플랫폼 구축'을 연구 및 개발하며 박사논문을 준비 중이다. 디지털 및 AI 기반 〈스피치와 토론〉 교육모델은 실제 강의 현장에서 2020년부터 애자일(agile) 방법으로 1단계는 개념 연구, 2단계는 모델 구축과 검증, 3단계는 AI 기반 모델 고도화로 진행하고 있다.

이번의 활용법 교육은 최근 챗GPT에 대한 〈스피치와 토론〉 교수님들의 관심이 크게 높아짐과 동시에 전공 영역에 AI를 활용하고자 하는 요청에 따라 준비하게 되었다.

1
대학 공적 말하기 수업에 AI 활용이 필요한 이유

왜 우리 교수님들은 〈스피치와 토론〉이라는 대학 공적 말하기 수업에서 챗GPT 같은 인공지능 도구를 활용하고자 고민하는 것일까? 지난 20년간 전통적인 〈스피치와 토론〉 수업은 충분히 높은 교육적 가치를 제공해왔다. 그러나 이제는 급변하는 소통 환경과 수요 변화 때문에 대학 인문 교양 교육에서도 AI 기반 교육의 필요성이 강하게 요청되고 있다.

1) 소통 환경의 변화

우리의 소통 환경은 소통 기술의 발전과 함께 끊임없이 변화해왔다. 과거에는 아날로그 기반의 소통 기술, 즉 손편지와 전화로 대표되는 소통 매체가 주를 이뤘다. 이후에는 디지털 기반 소통 기술, 즉 이메일, 문자메시지, 소셜미디어 등이 등장하여 정보 전달의 속도와 범위를 비약적으로 확장시켰다. 그런데 최근에는 혁신적인 인공지능 기술이 등장하면서 이전의 디지털 소통 기술을 빠르게 혁신하며 대체하기 시작했다. 이메일, 문자메시지, 소셜미디어의 디지털 버전은 효율이 크게 향상된 AI 버전으로 대체되며 보편화되었고, 대화, 번역, 코딩 등에서도 인간 외에는 불가능했던 실시간 소통과 작업을 AI 매체가 구현하며 빠르게 확산되고 있다.

2) 소통 수요의 변화

소통 환경의 변화는 사용자, 즉 화자와 청자의 수요에도 큰 영향을 미치고 있다. 아날로그 기반 소통 환경의 대표적인 예는 유선 전화기였다. 정보 파이프라인 스타일의 유선 전화기는 그 보급률이 가정당 1대가 필수였고 2대 이상은 선택이었다. 디지털 기반 소통 환경의 대표적인 예는 스마트폰이다. 정보 플랫폼 스타일의 스마트폰은 그 보급률이 개인당 95%를 상회하여 1개 폰은 필수이고 2개 폰 이상은 선택이 되었다. 인공지능 기반 소통 환경의 대표적인 예는 챗GPT, 제미나이(gemini) 등이다. 이러한 인공지능은 이전 소통 기술들이 제공하지 못하는 개인화되고, 효율적이며, 다차원적인 소통과 작업을 가능하게 했고, 이 기술은 역대 어느 소통 기술보다 빠르게 대중의 관심과 참여를 이끌어냈다. 챗GPT는 2022년 11월 30일 발표 이후 2023년 6월 기준 전 세계 사용자는 17억 명이고, 미국 젊은 세대 65%가 사용 중[*]이며 한국은 2023년 10월 기준 526만 명이 사용 중[**]이다. 인공지능의 경우 개인당 1개만 사용하는 경우는 드물다. 필자의 경우에도 챗GPT를 주로 사용하지만 클로드(Claude), 퍼플렉시티(Perplexity), 제미나이(Gemini), 노트북LM(NotebookLM) 등을 보완적으로 사용하고 있으며 현시점에도 강력한 모델들이 새롭게 등장하고 있다. 인공지능을 하나도 안 쓰는 사람은 있어도 하나만 쓰는 사람은 없다. 일단 쓰기 시작하면 많은 인공지능을 사용하는 멀티유저, 헤비유저가 된다. 이같이 인공지능의 수요 곡선은 가파르게 상승하고 있다.

3) 소통 교육 요청: 학생과 교수의 요구

인공지능 기반의 새로운 소통 기술 등장과 급격한 확산은 소통 교육에도 많은 영향을 주고 있다. 소통 교육의 주체인 학생과 교수는 디지털 및 인공지능 시대의 요구를 다음과 같이 강하게 제기하고 있다.

학생의 요청: 학생들은 디지털 및 인공지능 기술에 기반한 효과적이고 실질적인 학습 방법을 원하고 있다. 단순한 이론 교

---

[*] "챗GPT: 세계와 미국의 젊은 세대가 대부분 사용한다… '새로운 트렌드'", 시애틀코리안데일리, 2023.08.14., https://www.seattlekdaily.com/news/articleView.html?idxno=3955

[**] "황치규, 챗GPT 앱 사용자 수 1년 새 7배 증가… 한국인 10명 중 1명 사용", 2024.11.12., https://www.digitaltoday.co.kr/news/articleView.html?idxno=541027

육을 넘어, 실습과 피드백을 통해 실질적인 소통 능력을 향상시키려는 요구가 급증하고 있다. 챗GPT 같은 인공지능을 사용하여 자신의 연설 원고를 작성하거나 분석하길 기대한다. 자신만을 위한 개선점을 제공받아 향상시키고, 새로운 말감 아이디어도 효율적으로 창조하길 기대한다.

교수의 요청: 교수들 역시 디지털 및 인공지능 기술을 활용하여 전통적인 도제식 교수법에서 더욱 효율적인 교수법으로 전환하기를 희망하고 있다. 과거에는 강의 준비 과정, 학생들의 과제물 확인과 평가, 학생들의 실습에 대한 맞춤형 피드백 제공 등을 더 많이 더 깊게 제공하고 싶었지만 현실에서는 할 수 없었다. 그러나 이제는 챗GPT 같은 인공지능을 활용하여 실습 피드백과 교수 업무의 효율을 더욱 높이길 기대한다.

인공지능을 통한 교육 혁신은 실제로 시작되었고 빠르게 진행 중에 있다. 대한민국의 초·중·고 교육에서는 2025년부터 점진적으로 AI 디지털 교과서가 도입된다. 그럼, 대학의 인문 교양 교육 분야는 어떤가? 늦었다고 생각할 수도 있지만, AI 기술 발전과 확산의 역사를 볼 때 지금이 오히려 최적의 시작 타이밍으로 예상된다. 결론적으로 챗GPT 같은 인공지능 도구의 활용은 단순한 기술적 도입을 넘어, 급변하는 소통 환경과 수요 변화에 맞춰 공적 말하기 교육의 패러다임을 재정립할 기회가 될 것이다. 그래서 이번 기회에 챗GPT를 함께 배우고 활용해 보는 것은 우리 모두를 위한, 이 시대를 위한 큰 발걸음이 되리라 기대하게 된다. 그럼 이제 〈스피치와 토론〉 교수님들을 위한 언어생성형 AI 활용법 교육을 챗GPT를 중심으로 본격적으로 시작해보겠다.

2
대학 공적 말하기 수업에
AI 활용하는 법:
챗GPT

1) 잘 쓰는 법? 일단 사용해보자!

실기를 빠르게 배우는 방법은 일단 써보는 것이라 생각한다. 자, 그럼 바로 시작하자.

챗GPT 사용을 위해서는 웹브라우저에서 챗GPT를 검색하고 해당 사이트 링크를 클릭하거나 www.chatgpt.com에 바로 접속하면 된다. 열린 웹페이지에서 하단 입력창을 마우스 커서로 클릭하면 문자 입력이 가능해진다. 거기에 "챗지피티에게 좋은 답변을 받는 꿀팁"이라고 타이핑하고 엔터키를 눌러보자. 그러면 대략 아래와 같이 생성될 것이다. 여기서 우선 직관적으로 챗GPT의 작동 규칙을 보게 된다. 챗GPT의 제1 규칙은 "질문하면 답해준다"이다.

챗GPT에게 좋은 답변을 받기 위한 몇 가지 꿀팁을 알려드리겠습니다.

1. 구체적이고 명확한 질문하기

• 질문이 명확할수록 답변도 정확해집니다. 불명확한 질문은 모호한 답변을 유도할 수 있으니, 필요한 정보나 맥락을 최대한 구체적으로 설명하는 것이 좋습니다.

• 예: "역량 기반 실행 계획을 설명해줘" 보다는 "역량 기반 실행 계획의 핵심 개념과 이를 적용할 수 있는 방법을 알려줘"가 더 좋은 답변을 이끌어냅니다.

2. 단계적으로 질문하기

• 복잡한 질문은 단계를 나누어 하나씩 물어보면 더 정확한 답변을 받을 수 있습니다. 한꺼번에 너무 많은 정보를 요구하면 혼란스러운 답변이 나올 수 있습니다.

• 예: "대학에서 AI 연구를 어떻게 시작할 수 있을까요?" 대신, "AI 연구를 위해 어떤 기본 개념을 먼저 학습해야 하나요?"처럼 질문을 구체적인 단계로 나누세요.

3. 예시 제공하기

• 원하는 답변의 스타일이나 형식을 예시로 제공하면 원하는 답변을 더 쉽게 얻을 수 있습니다. 문장 형식, 표, 코드 등 원하는 방식으로 요청하면 AI가 맞춰서 응답합니다.

• 예: "다음 문장을 쉽게 바꿔줘: '이 프로젝트는 우리의 비전을 확장하는 중요한 기회입니다.'" 또는 "Python으로 for문을 사용한 예시 코드 보여줘."

〈그림 2-1〉 챗GPT에게 질문하면 항상 답변 받음

※ 참조: 챗GPT가 생성하는 답변은 매번 조금씩 다르게 표현되지만 전반적인 내용은 비슷한 것을 볼 수 있다.
출처: chatgpt 4o 모델과의 대화, 2024. 9.

2) 챗GPT 개념 이해: 신기하다! 사람처럼 대답한다

아무 단어나 문장을 계속 입력하고 엔터키를 눌러보자. 계속 답변이 튀어나온다. 이런 작동 기능이 마치 사람과 컴퓨터가 '대화'하는 것 같아서 인공지능 이름에 'chat'이라는 단어가 들어간다. 사람 사이의 대화에는 매우 다양한 패턴이 있고 그중 하나는 응답하지 않는다는 것도 포함된다. 그러나 이 인공지능과의 대화에서는 한 가지 패턴만 존재한다. 어떤 말을 입력하든 그 말과 연관된 답변을 '무조건' 생성한다. 이러한 기능은 인공지능 이름인 GPT에서 G(Generative), 즉 언어생성에 해당한다. 이번에는 생성되는 답변을 보자. 자세히 보면 꽤 괜찮다. 어떻게 이런 신통한 답변을 내는 걸까? GPT의 P(Pre-trained)는 엄청난 양의 '질문과 답변' 세트를 미리 공부했다는 뜻인데, 핵심은 '엄청나게 많이' 공부했다는 점이다. 챗GPT에게 얼마나 학습했는지 직접 물어보니 대한민국의 가장 큰 도서관의 소장 도서량보다 많다고 한다. 대한민국의 가장 큰 도서관은 국립중앙도서관이고, 이곳의 소장 도서 수는 약 1,387만 권 이상이다. 이만큼의 정보량을 질문과 답변 형식으로

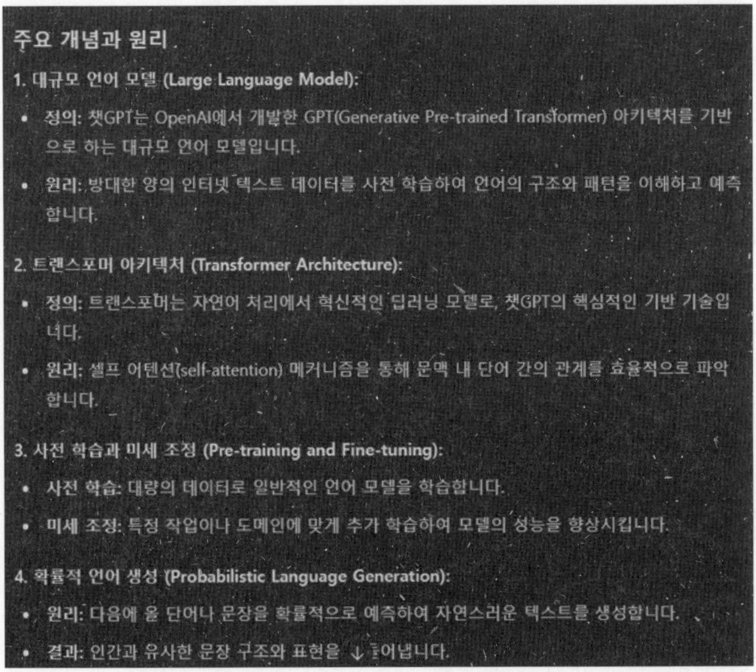

주요 개념과 원리

1. 대규모 언어 모델 (Large Language Model):
- **정의:** 챗GPT는 OpenAI에서 개발한 GPT(Generative Pre-trained Transformer) 아키텍처를 기반으로 하는 대규모 언어 모델입니다.
- **원리:** 방대한 양의 인터넷 텍스트 데이터를 사전 학습하여 언어의 구조와 패턴을 이해하고 예측합니다.

2. 트랜스포머 아키텍처 (Transformer Architecture):
- **정의:** 트랜스포머는 자연어 처리에서 혁신적인 딥러닝 모델로, 챗GPT의 핵심적인 기반 기술입니다.
- **원리:** 셀프 어텐션(self-attention) 메커니즘을 통해 문맥 내 단어 간의 관계를 효율적으로 파악합니다.

3. 사전 학습과 미세 조정 (Pre-training and Fine-tuning):
- **사전 학습:** 대량의 데이터로 일반적인 언어 모델을 학습합니다.
- **미세 조정:** 특정 작업이나 도메인에 맞게 추가 학습하여 모델의 성능을 향상시킵니다.

4. 확률적 언어 생성 (Probabilistic Language Generation):
- **원리:** 다음에 올 단어나 문장을 확률적으로 예측하여 자연스러운 텍스트를 생성합니다.
- **결과:** 인간과 유사한 문장 구조와 표현을 만들어냅니다.

〈그림 2-2〉 챗GPT의 주요 개념과 원리

출처:chatgpt 4o 모델과 대화, 2024. 9.

저장하고 있으니 백과사전을 능가하는 지식 답변 도구가 된 셈이다. 그렇기 때문에 어떤 질문에도 꽤 괜찮은 답변을 만드는 것이다. GPT의 T(Transformer)는 '트랜스포머'라는 인공지능 모델의 이름이다. 트랜스포머에 대한 자세한 설명은 AI공학 기술적인 것이니 인문학 교수님들에게는 생략하고 사용법 설명에 집중하겠다. 스마트폰 실사용자는 내부 구조를 몰라도 사용법만 잘 알면 되는 것과 같은 맥락이다. 앞의 내용을 종합해보면 인공지능 GPT 모델은 질문과 답변 세트를 정말 많이 저장했고, 그래서 대화(chat) 형식으로 질문하면 답변을 '무조건' 그리고 '괜찮은 품질'로 생성해준다. 챗GPT 답변 품질은 '저장된 정보 중에서 가장 그럴싸한 것'을 답으로 생성하도록 되어 있다. 이런 작동 원리 때문에 종종 그럴싸한 가짜 답변(할루시네이션, hallucination)을 생성하기도 한다. 챗GPT 입장에선 "저는 거짓말쟁이가 아니라 시킨 대로 한 것뿐이에요. 엉엉 ㅜㅜㅜ"이라고 항변할 만하다.

3) 챗GPT 사용 원리: AI와 대화하라

챗GPT라는 도구를 쓰는 방법은 무엇인가? '대화'하는 것이다. 잘 쓰는 방법은? 대화를 '잘'하는 것이다. 그런데 왜 '입력'이 아니라 '대화'라고 표현할까? 과거 챗봇의 기능도 질문과 답변으로 이뤄져 있었다. 그런데 챗봇과 구별되는 챗GPT만의 특징이 있다. 대화 내용을 기억하고 그 맥락을 이어서 계속 답변한다는 것이다. 사람끼리 하는 '이어지는' 대화가 과거 챗봇에서는 불가능했지만 챗GPT와는 가능하다. 그래

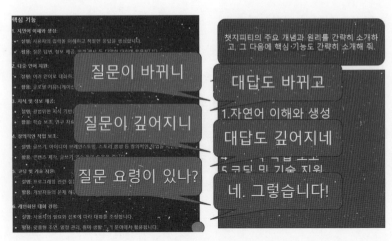

〈그림 2-3〉 챗GPT와 대화 원리

서 챗GPT의 기본적 사용법은 '연이은 대화'다. 대화가 적절히 깊어지면 답변 수준이 석사급, 심지어 박사급까지도 올라간다. 이 같은 AI 대화 기술은 독서나 인터넷 검색과는 또 다른 차원의 정보 탐색 역량을 사용자에게 제공한다.

4) 챗GPT 적용 분야: 스피치와 토론에 적용 가능성

인공지능과 대화를 잘하면, 석사급이나 박사급의 답변을 얻기도 한다. 이렇게 유용한 인공지능 대화는 어느 분야에 적용이 가능할까? 이에 대한 챗GPT의 답변은 다음과 같다.

① 자연어 이해와 생성, ② 다중 언어 지원, ③ 지식 및 정보 제공,

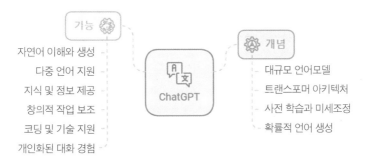

기능 🧩

자연어 이해와 생성
다중 언어 지원
지식 및 정보 제공
창의적 작업 보조
코딩 및 기술 지원
개인화된 대화 경험

ChatGPT

⚙️ 개념

대규모 언어모델
트랜스포머 아키텍처
사전 학습과 미세조정
확률적 언어 생성

〈그림 2-4〉 챗GPT의 주요 기능과 개념

출처: 필자 프롬프트로 www.napkin.ai에서 생성

④ 창의적 작업 보조, ⑤ 코딩 및 기술 지원, ⑥ 개인화된 대화
경험

    이처럼 다양한 분야에 적용 가능하다. 그런데 아직 가장 중요한 질문이 남았다. "과연 언어생성형 AI를 대학의 〈스피치와 토론〉 수업에서도 사용할 수 있을까?" 이 질문에 답하려면 대학의 〈스피치와 토론〉 강좌와 같이 인문학적 역량이 고도로 집약된 강의와 실습에서도 언어생성형 AI의 기술과 성능이 '제대로 발휘될지'가 먼저 검증되어야 한다. 이에 대해서는 인문학 교수님들을 위해 공유해드린 동영상에서 필자의 이전 연구들을 바탕으로 인문학자들의 관점과 수준에서 인공지능 기술과 성능을 평가해본 후 결론까지 말씀드렸다. 여기서는 지면상 평가 과정은 생략하고 평가 결론만 공유한다. 필자는 인문학과 AI공학을 동시에 전공한 융합학자로서 양측의 관점을 종합하여 챗GPT 같은 언어생성형 인공지능 모델이 〈스피치와 토론〉 수업에 사용하기 적합한지 평가해보았고, 그 결과를 다음과 같이 정리했다.

① 언어생성형 AI는 인간의 글과 대화 정보를 매우 많이 알고 있음(저장 기억하고 있음).

② 언어생성형 AI는 인간의 글과 대화와 매우 유사한 방식으로 표현이 가능함.

③ 언어생성형 AI는 인간의 글과 대화를 설명·요약·작성하는 기능이 탁월함.

④ 평가: 언어생성형 AI는 인간의 소통과 정보 생성 분석을 위한 탁월한 도구

⑤ 결론: 언어생성형 AI는 공적 말하기 교육에 직접 활용이 가능하고 유용함.

5) 프롬프트 엔지니어링 기초: AI와 대화하기 준비

앞서 언어생성형 AI를 쓰는 방법은 '대화'라고 했고, 잘 쓰는 법은 대화를 '잘'하는 것이라 했다. AI공학에서는 AI와의 대화기술을 프롬프트 엔지니어링이라고 한다. 하지만 우리 인문학자들끼리는 간단히 '(AI와의) 대화 요령'이라고 하겠다. 인문학자들이 (AI와의) 대화 요령을 빨리 익힐 수 있는 포괄적인 핵심 요령은 다음과 같다.

첫째, 대화 상대를 인식하라: 세상의 모든 석사급 지식을 가진 천재 AI

챗GPT4 모델을 기준으로 입력된 데이터양이 엄청나다고 설명했

{ Prompting }

◆ 활용 제안 1 ◆

모든 석사 지식을 가진 친구와
지적 대화를 시도하라

〈그림 2-5〉 챗GPT와의 대화 요령 1: 세상 모든 석사급 지식을 가진 천재로 여겨라

출처: 필자 프롬프트로 챗GPT 4o에서 생성한 이미지를 재편집

다. 200쪽 도서로 환산해보면 1,600만 권 정도 분량이다. 이 정도라면 오늘날 존재하는 모든 석사급 지식을 암기해버린 21세기형 백과사전 또는 천재(AI)라고 할 수 있다. 이러한 역량을 전제하게 되면 우리는 챗GPT에게 학적으로 수준 높은 질문도 할 수 있고, 창의적 토론도 나눌 수 있게 된다. 한편 이 인공지능 도구는 작동이 단순하다는 사실도 기억해야 한다. 우문(愚問)에는 우답(愚答)을, 현문(賢問)에는 현답(賢答)을 무한정 생성해준다. 현문을 이어가면 논문 수십 편을 압축한 것 같은 초고도의 현답을 얻을 수도 있다. 인문학자라면 소크라테스의 대화법이 연상될 것이다.

둘째, 대화를 반복하며 범위를 좁혀라: 세상에서 가장 큰 도서관 사서 AI

상상해보자. 나는 세상에 한 권뿐인 소설책을 찾고자 한다. 도서관에 가서 사서에게 말한다. "소설책 주세요." 사서는 똥그래진 눈으로

◆ 활용 제안 2 ◆

대화를 반복해서
답변 범위를 좁혀라

보편질문 ⇨ 보편답변
세밀질문 ⇨ 세밀답변

〈그림 2-6〉 챗GPT와의 대화 요령 2: AI 사서와 대화를 반복하며 범위를 좁혀가라

출처: 필자 프롬프트로 챗GPT 4o에서 생성한 이미지를 재편집

나를 쳐다보며 말한다. "이 많은 소설책 중에 어떤 책을 달라는 거죠?!" 언어생성형 AI도 마찬가지다. 세상의 거의 모든 정보를 가지고 있지만 대충 질문하면 대충 답변해줄 수밖에 없다. 반면 정확히 질문하면 거의 정확한 답변을 주기도 한다. 인공지능의 초거대 데이터베이스에서 세밀한 특정 자료를 얻고자 한다면 질문을 반복하면 된다. 범주를 정해서 질문하고 답변을 받은 뒤에는 그 답변 내용에서 범주를 좁혀서 다시 질문한다. 이런 과정을 몇 번 반복하면 깔때기 효과로 매우 세밀한 정보까지 얻을 수 있다.

마지막으로, 인공지능 사용 윤리는 우리 모두 반드시 기억해야 할 사항이다. 인공지능은 인격이 아니라 도구다. 그렇기 때문에 인공지능 자체의 윤리보다는 사용자의 윤리가 우선적이고 필연적으로 중요하다. 인공지능은 세상에서 가장 예리한 칼과 같다. 이 도구를 든 내가 의사라면 생명을 살릴 것이고, 강도라면 생명을 해칠 수도 있다. 우리가 인공지능의 특성을 잘 이해한 뒤 보편적인 법과 윤리의 테두리 안에서 선한 용도로 사용한다면 대부분 경우에는 안전하고 유용할 것이다. 한편 인공지능을 인격이라고 착각하거나 환상에 빠지면 우리의 책임을 도구에 전가시키는 오류를 범하게 된다. 이러한 오류는 어떤 변명에도 불구하고 반드시 우리 자신에게 되돌아와 그 책임을 우리에게서 찾게 될 것이다. 그러니 인공지능은 인격이 아닌 도구임을 명심해야 하며, 인공지능을 사용하는 책임은 전적으로 우리 자신에게 있음을 명심해야 한다.

6) 프롬프트 연습: AI와 대화하기 실습

지금까지 사용법 이해를 돕기 위해 설명을 나눴다. 이제부터는 실제적인 AI 대화법을 살펴보겠다. 사용할 AI 모델은 2024년 10월 현재 가장 성능이 좋은 챗GPT 4o 모델이다. [참조: 당시에는 o1-preview 모델이 있었고, 12월에는 o1 모델이 정식 서비스를 시작했다. 이 모델은 과학 및 수학 같은 논리 분야에 특화되었다. 한편 챗GPT 4o 모델은 범용 모델(AGI)로 더욱 발전하여 더욱 다양한 기능과 역할을 수행 중이다. o3 모델이 깜짝 공개되었으며, 성능 지표상 AGI를 달성한 것 같다고 발표했다. 챗GPT5는 기술적 난관으로 공개가 미뤄지고 있다고 한다. 2025년 1월에 중국에서 deepseek R1 모델이 오픈소스로 풀렸고 그 여파로 2월에 OpenAI의 o3-mini 모델이 무료로 풀렸다.] 지난 2년 동안 AI공학자들과 전문 사용자들은 프롬프트 엔지니어링에 대해 많은 연구와 실험을 반복하여 거의 표준화된 사용법 체계를 완성했다. 강의자마다 조금씩 차이가 있으나 다음 사이트는 AI 대화법 전반

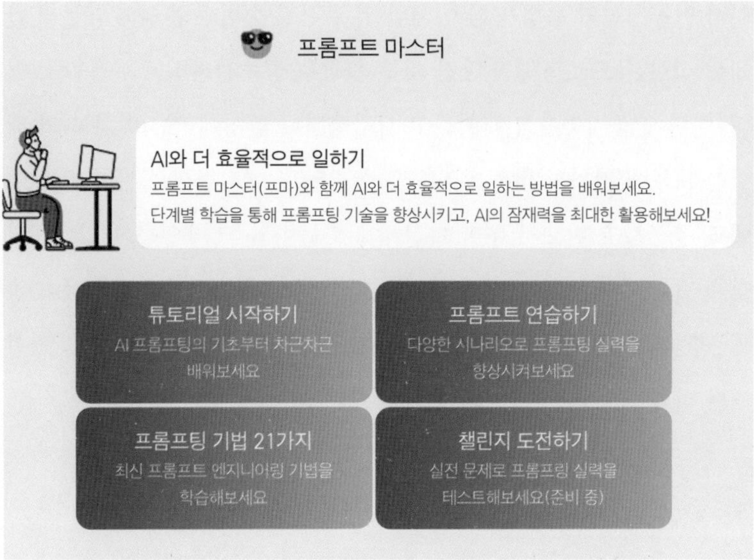

〈그림 2-7〉 프롬프트 마스터(프롬프트 튜토리얼 사이트)

출처: promptmaster.kr

을 잘 정리해두었기에 활용해보도록 소개한다.

　이 사이트는 유용한 프롬프트 기법들을 익히고 연습해볼 수 있는 효율적인 기능들을 제공한다. 필자는 이 중에서 '프롬프팅 기법 21가지'를 주로 참조하여 인문학 교수님들에게 프롬프트 요령을 설명했다.

　활용법은 간단하다. '프롬프트 기법 21가지'를 클릭하면 '프롬프트 엔지니어링 기법 21가지'라는 페이지가 열리며 3×7로 구성된 21개의 블록이 보인다. 첫 블록의 실습 주제는 '역할 부여하기(Role Assignment)'이다. 클릭해서 들어가면, 맨 먼저 '기법 설명'이 간단한 요약 형태로 보이고, 다음으로 '부연 설명'이 좀 더 자세한 설명으로 보인다. 그 하단에는 '예시'로 실제 입력할 프롬프트가 보이고, 그것을 챗GPT 입력창에 넣으면 생성되는 답변 예시도 보인다. 마지막에는 이 기법을 잘 이해했는지를 확인하는 퀴즈가 나온다. 전반적인 난이도는 인문학 교수님들도 읽고 쉽게 이해할 수 있고 실습도 충분히 따라 할 수 있는 수준이다.

　이상과 같은 방식으로 21개의 프롬프팅 기법을 실습해보도록 구성되어 있는데, 각 주제는 다음과 같다. ① 역할 부여하기, ② 단계별 지시, ③ 예시 제공, ④ 제약 조건 설정, ⑤ 맥락 제공, ⑥ 다중 관점 요청, ⑦ 체인 오브 소트, ⑧ 제로샷 학습, ⑨ 퓨샷 학습, ⑩ 자기일관성, ⑪ 메타언어 사용, ⑫ 템플릿 사용, ⑬ 반복적 개선, ⑭ 사고 확장, ⑮ 역할 전환, ⑯ 창의성 유도, ⑰ 윤리적 고려사항 포함, ⑱ 다중 모달 프롬프팅, ⑲ 프롬프트 체이닝, ⑳ 컨텍스트 주입, ㉑ 메타 프롬프팅.

　차례차례 하나씩 실습해보자. '이렇게 질문하면 이런 식으로 답변이 나오는구나' 하고 사용 감각과 요령을 익히면 된다. 동일한 프롬프트로 질문을 반복하면 언어생성형 AI는 매번 조금씩 다른 답변을 생성하도록 설계되어 있다. 따라서 답변의 정확도를 높이고자 한다면 동일 질문을 3회 정도 한 뒤 그 답변들의 교집합을 취하면 정확도가 높아질 수 있다. 반대로 희소한 답변을 얻고자 한다면 교집합이 아닌 답변 중에서 고르면 된다.

　21개 기법을 다 실습해보려면 시간이 좀 걸리지만, 읽어보고 실습해보면 어렵지 않고 쉬운 수준이라 약간의 인내심만 가지면 AI와 대화 실력을 효과적으로 향상시킬 수 있다. 또한 앞서 소개했던 천재 AI 및 사서 AI와 대화한다는 요령도 프롬프트 기법 21개 대부분과 연관되니 병행하여 활용하면 더 효과적이다.

　그러면 여기까지 익히면 끝일까? 그렇다. AI공학자들이 줄 수 있는 도움은 여기까지다. 그러나 인문학 교수님들이 올라가야 할 단계는 아직 하나 더 남았다. 최종 단계는 특정 전문 분야에서 AI 활용 전문가가 되는 단계다. 즉, 〈스피치와 토론〉 수업에 대해 특화 및 고도화된 AI 활용 역량을 갖추는 것이다. 이 단계까지 갈 수 있도록 조금 더 안내하고자 한다.

7) 프롬프팅 역량 높이기: 〈스피치와 토론〉 수업에서 활용하기

앞서 참고해본 21개 프롬프트 기법을 요리에 비유하자면 21개 요리도구의 사용법에 해당한다. 그런데 요리도구 사용법을 아는 것만으로는 어떤 요리도 가능하다든지 최고의 요리를 만드는 것은 불가능하다. 요리도구 사용법은 최고의 요리를 만드는 필요조건일 뿐 충분조건이 아니다. 최고의 요리를 만들려면 레시피와 노하우를 가져야 한다. 이것을 AI공학에서는 '도메인 지식(domain knowledge)'이라 부르며, 특정 전문 분야의 고도화된 지식과 노하우를 의미한다. 〈스피치와 토론〉 교수님들은 이미 〈스피치와 토론〉 분야의 전문지식, 즉 도메인 지식을 충분히 보유하고 있는 최고 요리사인 셈이다. 다만 새로운 요리도구에 해당하는 AI 활용에 미숙할 뿐이다. 한편 AI공학자들은 AI 도구 개발과 사용에는 익숙하지만 도메인 지식이 없기에 실제 최고 요리를 만들 수는 없다. 따라서 AI를 활용해서 최고의 〈스피치와 토론〉 수업을 구현하는 것은 오직 〈스피치와 토론〉 교수님들만이 수행해낼 수 있는 고유한 역량과 역할이다. 이러한 이치 때문에 〈스피치와 토론〉 교수님들이 직접 AI 도구를 배우고 활용하도록 제안드리고 가이드해드렸다.

자, 그러면 어떻게 〈스피치와 토론〉 수업에 AI를 활용할 수 있는지 실제를 제시하겠다. 먼저 천재 AI와 사서 AI를 조교로 초청하여 수업 전반에 AI를 활용하는 방법에 대해 함께 논의해보자.

첫째, 챗GPT 조교와 함께 강의 계획 짜기

필자는 〈스피치와 토론〉 수업에서 하는 일들에 대한 목록을 만들고, 챗GPT에게 이 중에 할 수 있는 일이 무엇인지 물어보고자 했다. 그런데 이런 순서로 진행하면 필자가 할 일이 너무 많아지게 된다. 또한 필자가 만든 목록에 대해 챗GPT는 필자의 의도와 다른 답변을 주는 경우도 있기에 목록을 준비한 정성이 희석될 수도 있다. 이런 경우 가장 효과적인 진행 방법은 아예 처음부터 챗GPT에게 "나는 너를 〈스피치와 토론〉 수업의 조교로 고용하려고 해. 나를 돕기 위해 네가 할 수 있는 일들을 다 말해줘"라고 질문하면 좋다[필자의 노하우]. 처음에는 챗GPT가 필자가 하는 일을 모르기 때문에 엉터리 답변을 하리라 추측했다. 그런데 필자가 깜빡한 사실이 있었다. 챗GPT는 세상의 석사급 지

저의 ChatGPT
사용 목적 정의:

저는
똘똘이 석사,
ChatGPT 군을 월 20달러 비용으로
저의 개인 조교로 고용해서,
제가 하던 업무 일부를 맡기고,
저는 더 중요한 업무에 집중하여
교수 업무 효율을 높이려 합니다.

〈그림 2-8〉 챗GPT를 강의 조교로 활용하기

출처: 필자 프롬프트로 챗GPT 4o에서 생성한 이미지를 재편집

ChatGPT에게 물어보자.
네가 잘할 수 있는 일이 뭐지??

스피치 강의에서 ChatGPT-4에게 위임할 수 있는 업무

1. 이론 강의 - 원리 설명 및 방법 정리
           - 개념 설명 및 해설

2. 실습 지도 - 스크립트 평가
           - 말하기 연습 후 피드백 제공

3. 강의 행정 - 과제 제출 공지
           - 과제 내용 요약
           - 성적 관리

종합   - 챗지 역할 ⇨ 반복적, 정형화된 작업 위임
         - 교수 역할 ⇨ 심층적인 실습 및 학생 상담에 집중

〈그림 2-9〉 챗GPT와의 대화: 강의 조교로서 도울 수 있는 일들이 무엇인지에 대한 답변

출처: 필자 프롬프트로 챗GPT 4o에서 생성한 이미지를 재편집

식을 거의 다 가진 천재 AI이다. 그렇기 때문에 필자가 자세히 설명해
주지 않아도 필자가 담당한 교과에서의 교수 역할을 석사급 수준으로
알고 있었다. 그래서 실제로 물어보니 챗GPT는 다음과 같이 수준 높
은 답변을 주었다.

ㄷㄷ, 뭐야
내 업무 상당 부분을 할 수 있네?

맞습니다! ChatGPT-4는 상당히 많은 업무, 특히 반복적이고 정형화된 작업을 처리할 수 있습니다.
이를 통해 교수님은 보다 창의적이고 고차원적인 업무에 집중할 수 있게 도와주는 역할을 할 수 있
죠. 위임을 잘 활용하면 업무 효율을 크게 향상시킬 수 있을 것 같습니다!

〈그림 2-10〉 챗GPT와의 대화: 교수와 AI조교의 효율적 협업이 가능하다는 답변

출처: 필자 프롬프트로 챗GPT 4o에서 생성한 이미지를 재편집

챗GPT의 대답에 필자는 깜짝 놀랐다. 필자가 하는 업무 대부분을 알고 있었고, 그중 상당 부분을 자신이 대체해서 도와줄 수 있다고 했기 때문이다. 심지어 자신이 그것을 도와줄 테니 교수로서 더 고차원적인 일을 하라고 제안까지 한다. 너무나 궁금해서 "네가 생각하는 더 고차원적인 교수 업무"가 무엇인지 물어보았다(AI와 대화 요령 2: 대화 범위를 좁히며 질문을 반복하라).

챗GPT가 필자에게 제안한 고차원적 교수 업무는 다음과 같다. ① 개별 학생의 맞춤형 지도, ② 심화된 실습 및 발표 전략, ③ 창의적

너의 조언대로라면,
스피치 강의에서 창의성, 고차원성은
어떻게 적용하면 될까?

가까운
미래에

인공
지능이
대체하지
못하는

스피치
교육영역

1. AI에게 위임 가능한 부분

- **이론 설명 및 기본 개념 정리:** AI는 스피치 이론을 학생들에게 설명하고 방법론을 정리하는 역할을 맡을 수 있습니다.
- **스크립트 평가 및 피드백 제공:** 학생들이 작성한 스피치 원고나 연습 내용을 AI가 자동으로 평가하고, 구체적인 피드백을 제공하도록 할 수 있습니다.
- **강의 행정 업무:** 공지, 과제 관리, 성적 처리 등 반복적인 행정 업무는 AI에게 맡길 수 있습니다.

2. 교수님이 집중할 창의적·고차원적 업무

- **개별 학생의 맞춤형 지도:** 학생의 개별적인 강점과 약점을 파악하고, 더 효과적인 말하기 습관이나 표현력 향상을 위한 개인 맞춤형 피드백을 제공.
- **심화된 실습 및 발표 전략:** AI가 기본 평가를 끝낸 후, 실제 강의에서 교수님이 더 깊이 있는 실습을 진행하며, 학생들의 창의적 발표 전략이나 표현력 강화에 집중할 수 있습니다.
- **창의적 학습 방법 개발:** 학생들에게 창의적인 스피치 기법을 가르치는 새로운 학습 방법이나 실습 방식을 개발하는 일에 집중.
- **커리큘럼 개선 및 확장:** AI와의 협업 경험을 바탕으로 새로운 교육 프로그램을 기획하거나, 더 다양한 주제를 커리큘럼에 추가.

3. AI와의 협력으로 강의 혁신

- AI를 활용해 반복적이고 시간이 많이 소요되는 작업을 줄이면, 교수님은 보다 **혁신적인 교육**에 집중할 수 있습니다. 학생들의 개별 성향을 반영한 스피치 학습법, 창의적인 발표 및 즉흥적인 표현 기술을 강화하는 방식으로 수업을 발전시킬 수 있겠죠.

이렇게 AI와 협력하는 방식으로 스피치 강의가 더 효율적이면서도 창의적인 방향으로 발전할 수 있습니다.

〈그림 2-11〉 챗GPT와의 대화: AI조교 활용으로 가능해지는 교수 업무의 고도화 항목

출처: 필자 프롬프트로 챗GPT 4o에서 생성한 이미지를 재편집

학습 방법 개발, ④ 커리큘럼 개선 및 확장

그렇다. 교수 역량이 고도화되어야 가능한 일들이 분명하다.

그리고 챗GPT 자신이 도울 수 있는 일들도 다음과 같이 제시했다. ① 이론 설명 및 기본 개념 정리, ② 스크립트 평가 및 피드백 제공, ③ 강의 행정 업무

둘째, 챗GPT와 함께 강의 효율 높이기

챗GPT는 간혹 거짓말을 하기 때문에 실제로 이 일들을 할 수 있는지 궁금해서 실제로 시켜보았다. 흠~ 그런데 시켜보니 실제로 해냈다. 그리고 최초 실험했던 2024년 9월까지만 해도 코딩과 데이터가공을 살짝 도와줘야 AI가 실행해냈다. 학생들의 스피치 발표 원고를 텍스트로 챗GPT에게 입력하니 곧바로 스피치의 논리력과 설득력에 대해 석사급 수준의 피드백을 주었다. 그런데 2024년 10월 챗GPT 4o 모델에 보이스 기능이 추가되고 멀티모달 기능도 강화되면서 피드백 수준이 점점 높아졌다. 스피치 발표 음성을 들려주니 곧바로 발성과 발음, 내용에 대해 피드백을 주었다. 놀라웠다. 작년까지만 해도 이러한 기능과 성능을 가진 AI 모델을 개발하려면 최소 50억 원을 예상했다. 그런데 올해는 완전한 것은 아니지만 일단 성능 구현 자체는 단돈 3만원(1개월 유료버전 구독료)으로 가능해졌다. 엄청난 변화다. 물론 챗GPT 같은 초거대 언어모델('파운데이션 모델'로도 불림)은 9조 원 이상의 개발비를 투자하여 만든 초고성능 AI이기 때문에 이런 기능과 성능을 갖는 것은 당연하다. 이러한 발전 흐름 때문에 최근 우리나라 AI 업계는 대기업이 아닌 이상 AI 모델을 직접 개발하기보다는 선두 기업이 개발한 AI 모델을 자신의 전문 분야로 가져와 융합하는 방식으로 활용해가는 추세다.

이런 흐름으로 볼 때, 챗GPT를 〈스피치와 토론〉 수업에 활용하는 것은 AI 활용 전략으로서 매우 적절한 선택이라 할 수 있다. 이 같은 인공지능 기술의 개발 흐름과 사업화 경향 때문에 지금이 인공지능을 현장에 적용할 최적의 타이밍인 것 같다고 앞서 언급했다.

셋째, 챗GPT와 함께 강의 강화하기

그런데 AI의 발전이 너무 빠르다 보니, AI 분야는 조만간 AGI와 ASI를 달성할 것이라 전망되고 있다. AGI란 인간과 대등한 수준의 기능을 가진 AI이고, ASI란 인간의 역량을 아득히 뛰어넘는 초고성능 AI를 의미한다. OpenAI사는 2024년 12월 챗GPT의 기능을 업데이트하면서 하면서 자사 AI가 이미 AGI 단계라고 발표했다. 그래서 이 점에 대해서도 챗GPT에게 물어보았다. "교수 업무를 네가 완전히 대체하게

사실, 네가 조언한 교수가 집중할 업무도 AI가 대체할 가능성이 있는데 그 시점은?

스피치
교육
전반을
대체하는
시점은

??

맞춤형 지도나 창의적 학습 방법, 심화된 실습 지도, 커리큘럼 개선 등은 현재 AI가 전면적으로 대체하기 어려운 영역이지만, 시간이 지나면서 AI의 발전으로 점차 그 역할이 커질 가능성은 분명히 있습니다. 그러나 몇 가지 이유 때문에 완전한 대체까지는 시간이 걸릴 수 있습니다.

1. 맞춤형 지도

- **대체 가능성**: AI는 이미 학생들의 학습 데이터를 분석하여 맞춤형 피드백을 제공할 수 있지만, 학생들의 정서적 이해나 개인적인 필요를 파악하는 면에서는 아직 인간의 직관과 공감 능력이 필요합니다.
- **대체 시점**: 약 10년 내에 AI가 정교한 분석을 통해 더 세밀한 맞춤형 지도를 할 수 있을 것입니다. 그러나 감정적 지원이나 직관적인 피드백은 인간 교사의 고유 영역으로 남을 가능성이 큽니다.

2. 심화된 실습 및 발표 전략

- **대체 가능성**: AI는 스피치 분석, 발음 교정, 그리고 발표 구조 평가에서 이미 효과를 발휘하고 있으며, 점점 더 나아질 것입니다. 하지만 즉흥적인 상황 대처나 창의적인 표현 기법에 대한 피드백은 여전히 인간의 경험과 판단이 중요합니다.
- **대체 시점**: 향후 10~20년 내에 AI는 상당한 수준의 심화된 실습을 지원할 수 있을 것입니다. 그러나 창의적 아이디어와 상황에 맞는 전략은 인간 교수자의 역량이 요구될 것입니다.

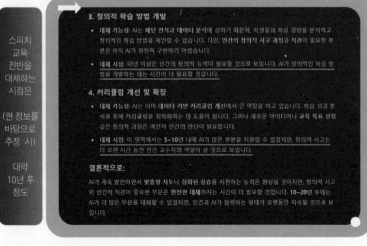

스피치
교육
전반을
대체하는
시점은

(현 정보를
바탕으로
추정 시)

대략
10년 후
정도

3. 창의적 학습 방법 개발

• **대체 가능성:** AI는 패턴 인식과 데이터 분석에 강하기 때문에, 학생들의 학습 경향을 분석하고 창의적인 학습 방법을 제안할 수 있습니다. 다만, 인간의 창의적 사고 과정과 직관이 필요한 부분은 아직 AI가 완전히 구현하기 어렵습니다.

• **대체 시점:** 10년 이상은 인간의 창의적 능력이 필요할 것으로 보입니다. AI가 창의적인 학습 방법을 개발하는 데는 시간이 더 필요할 것입니다.

4. 커리큘럼 개선 및 확장

• **대체 가능성:** AI는 이미 데이터 기반 커리큘럼 개선에서 큰 역할을 하고 있습니다. 학습 성과 분석을 통해 커리큘럼을 최적화하는 데 도움이 됩니다. 그러나 새로운 아이디어나 교육 목표 설정 같은 창의적 과정은 여전히 인간의 판단이 필요합니다.

• **대체 시점:** 이 영역에서는 5~10년 내에 AI가 많은 부분을 지원할 수 있겠지만, 창의적 사고는 더 오랜 시간 동안 인간 교수자의 역할이 클 것으로 보입니다.

결론적으로:

AI가 계속 발전하면서 맞춤형 지도나 심화된 실습을 지원하는 능력은 향상될 것이지만, 창의적 사고와 인간적 직관이 중요한 부분은 완전한 대체까지는 시간이 더 필요할 것입니다. **10~20년** 후에는 AI가 더 많은 부분을 대체할 수 있겠지만, 인간과 AI가 협력하는 형태가 오랫동안 지속될 것으로 보입니다.

〈그림 2-12〉 챗GPT와의 대화: 대학 교수 업무를 AI가 대체하게 될 시점에 대한 답변

출처: 필자 프롬프트로 챗GPT 4o에서 생성한 이미지를 재편집

될 수도 있을 것 같은데, 언제쯤이야?" 그러자 챗GPT는 위와 같이 답변했다.

챗GPT가 〈스피치와 토론〉 교수의 업무 대부분을 대체하는 시점은 빠르면 5년에서 길면 10년 전후로 예측되었다. 물론 이 예측은 챗GPT가 창조한 정보가 아니다. 챗GPT의 데이터베이스에 입력되어 있는 관련 분야 전문가들의 의견들을 챗GPT가 찾고 조합해서 표현한 것이다. 해당 분야 전문가 중 다수 의견인 셈이다. 여기까지 오니, 함께 모인 교수님들의 분위기는 자연스럽게 관심 차원에서 위기 차원으로 넘어가게 되었다. 그리고 챗GPT의 예측은 다음으로 이어졌다. 창조적 사고의 영역은 향후 10-20년 동안 교수 고유의 업무가 될 것이고, 이 기간 동안 AI와의 협업을 통해 창조적 사고 역량을 고도화시킬 수 있다고 한다. 앞으로 교수가 집중해야 할 점은 자신의 전공 분야와 교육에 AI

를 적극 활용하는 것과 AI를 통해 얻은 능률을 바탕으로 전공 분야에서 창조적 역량을 더욱 향상시키는 것으로 요약된다. AI 활용이라는 측면만 보면 지금 이후로 AI 활용은 선택이 아니라 필수가 될 수밖에 없다는 뜻이다. 이런 점에서 "〈스피치와 토론〉 교수님들은 왜 AI를 도입하고 활용해야 하는가?"라는 질문에 대한 답변이 뚜렷해졌다. 물론 챗GPT의 예측은 연구자들의 이전 연구 결과만을 요약한 것이므로 틀릴수도 있다. 인류의 역사에는 늘 새로운 상황과 대안이 나타났기 때문에 완전히 다른 미래가 펼쳐질 여지는 충분히 있다. 그럼에도 현시점에 주류 전문가 관점은 AI 발전이 사회 전반을 계속 주도하리라 예측하기 때문에 AI를 사용하고 AI 역량을 쌓는 것은 대학 인문 교양 교육에서도 필수가 되리라 예상된다.

넷째, 챗GPT에게 분담시켜보기

앞서 챗GPT를 통해 학생들을 위한 피드백을 만들어보았다고 했다. 물론 피드백을 만드는 과정에서 〈스피치와 토론〉 전문가(교수)로서의 노하우가 담긴 상세한 프롬프트가 들어가야 더 수준 높고 고급스러운 피드백이 생성된다. 전문 프롬프트 작성에 대해서는 학술논문 및 〈AI 기반 스피치와 토론〉 강좌를 위한 교재에서 다룰 예정이다. 하지만 상세한 프롬프트를 몰라도 챗GPT는 〈스피치와 토론〉 분야에서도 이미 석사 수준인 것은 분명하다. 그렇기 때문에 전문가의 프롬프트 없이도 곧바로 60점 이상의 훌륭한 피드백을 생성한다. 학부 학생들에게는 매우 유용한 수준이다.

이제 〈스피치와 토론〉에서 챗GPT 활용법을 좀 더 깊게 활용하는 노하우를 공유해보겠다. 우선 전문가 노하우를 통해 스피치 아이디어를 얻는 법을 실습해보자. 〈스피치와 토론〉 수업의 다른 이름은 '공적 말하기(public speaking)' 수업이다. 스피치 및 토론은 단순한 말하기 테크닉이 아니다. 고대 그리스와 로마의 시민 민주주의 공동체에서 시작하여 현대의 민주주의 시민국가들에 이르기까지 2,500년 동안 사용되고 축적되어온 민주 시민 공동체의 공적 소통 기술이다. 이는 민주 시민 공동체의 유익, 즉 공익을 추구하고 실현하기 위한 사회적 필수 기술이었기에 그러한 방향으로 계속 고도화되어왔다. 고도의 소통 기술이 사유화되는 경우 시민 공동체를 매도하고 지배하는 독재의 수단이 될 수도 있다. 따라서 아리스토텔레스를 필두로 민주주의를 신념하는 지도자들은 공적 소통 기술이 모든 시민에게 보편적으로 공유될 수 있도록 시민 필수 교육으로 시행하려 노력했다. 이러한 공적 말하기의 의의를 살리는 방향으로 스피치의 아이디어를 만들기 위해 다양한 원리들이 사용된다. 원리들의 일부는 다음과 같다.

아이디어를 얻는 법
  1) 브레인스토밍 _ 창의성
  2) 창의적 사고 기법 _ 논리성

아이디어를 탐색하는 법
  1) 공동체의 동심원을 넓히며 공통 관심사 찾기 _ 공시성
  2) 최근 시점에서 먼 시점으로 관심사 찾기 _ 통시성

나에게(또는 청중에게) 어울리는 아이디어
  1) 이 주제에 대해 나와 청중은 관심이 높은가? _ 시사성
  2) 이 주제에 대해 나는 청중보다 전문성이 높은가? _전문성

공적 주제(아이디어)를 찾고 정하는 기술
아이디어를 얻는 법
   1. 브레인스토밍
   2. 창의적 사고 기법
아이디어를 탐색하는 법
   1. 공동체 동심원 넓히며 공통 관심사 찾기 _ 공시적
   2. 최근 시점에서 먼 시점으로 관심사 찾기
나에게(또는 청중에게) 어울리는 아이디어
   1. 이 주제에 대해 나와 청중은 관심이 높은가?
   2. 이 주제에 대해 나는 청중보다 전문성이 높은가?
등등

학생 여러분, 정책제안 설득 스피치의 아이디어를 정해보세요 ~
직접 해도 좋고, 챗지 조교의 도움을 받아도 좋아요 ~

나의
새로운 교육법

직접 만들기 힘들다. 챗지 조교에게 도움 받자.
선배들 것도 참조하자

네, 저 챗지 조교가 공적 말하기 주제 찾기에 도움 드릴게요.
물어보세요

〈그림 2-13〉 챗GPT에게 역할 부여: 스피치 아이디어 만드는 원리들을 활용해서 답해줘

출처: 필자 프롬프트로 챗GPT 4o에서 생성한 이미지를 재편집

필자는 스피치의 주제 아이디어를 정할 때 이러한 원리를 활용하도록 학생들에게 가르친다. 학생들은 배운 원리를 활용해서 주제를 직접 정하기도 하고, 이전 학기에 좋은 성적을 받은 선배들의 주제를 빌려오기도 한다. 또한 도서관의 도서, 인터넷 검색 등을 통해 우수한 자료를 찾아 참조 및 활용하기도 한다. 필자는 한 가지 방법을 더 가르쳐주었다. 챗GPT 같은 언어생성형 AI도 활용해보라 체안한다.

필자는 이 단계에서 다음과 같이 챗GPT를 활용해보도록 강의 중에 제안했다. 먼저는 스피치 주제 선정 원리를 배운다. 그리고 직접 작성해본다. 이 실습을 마친 후에 AI 활용법을 가르쳐주고 주제 선정 작업에 활용해보도록 한다. 주제 선정의 노하우를 프롬프트에 포함하면, 50점 수준의 답변을 내놓던 챗GPT가 50점 이상의 더욱 고도화된 답변

을 척척 내놓는다. 마찬가지로 스피치 주제문 작성, 스피치 개요 작성, 스피치 원고 작성에 대한 노하우를 프롬프트에 포함하면 챗GPT가 생성하는 결과물은 우수한 평가를 받은 학생들의 결과물과 비슷해진다. 프롬프트 기법과 도메인 지식이 결합했기 때문에 이는 당연한 결과다. 이러한 과정에서 대부분의 학생들은 공적 말하기 영역에서 상향평준화된 역량을 얻게 된다. 더불어 AI 활용의 경험과 역량까지 얻게 된다. (참고로, AI 기반 공적 말하기 강의에 대한 학생들의 반응은 매우 긍정적이었다.)

교수로서는 두어 가지 과제를 떠안게 된다. 학생들의 우열 평가가 더 어려워진다. 또한 기존의 평가 기준이 아닌 AI 활용 상황에서도 엄중한 평가가 가능하도록 더욱 고도화된 평가 기준을 마련해야 한다. 하지만 이는 각 교수가 감당하면 될 작은 짐일 뿐이다. 좀 더 근본적으로 판단하자면 교양 교육과 공적 말하기 교육의 본질적 목적은 학생 및 시민 모두가 높은 수준의 소통 능력을 갖게 하는 것이었다. 이전에는 불가능하던 교육 목표가 AI 활용을 통해 이제는 달성 가능하게 되었다. 이런 점에서 대학 인문 교양 교육자는 AI 활용에 사명감을 갖고 추진하게 되리라 예상한다. 여기까지가 필자가 〈스피치와 토론〉 교수님들께 제공한 챗GPT 활용법 교육의 대강이다.

3
〈스피치와 토론〉교수를 위한
AI 활용법 교육 소감

필자가 당초 교수님들께 드린 제안은 'AI 스피치' 관련 책을 신속히 출간하는 프로젝트였다. 책을 신속히 쓰는 전략으로서 교수님들이 실제로 〈스피치와 토론〉수업에 AI를 활용해보고 AI 활용 경험을 에세이로 써보자고 제안드렸다. 이를 위해 가장 먼저 선행되어야 할 일은 AI 활용법을 배우는 것이었다. 그래서 2024년 2학기 개강 전에 참여자 일곱 분 교수님들께 '〈스피치와 토론〉교수님들을 위한 챗GPT 활용법'을 알려드렸다. 교육은 필자의 기존 연구를 바탕으로 준비한 PPT 80장을 100분 길이 영상으로 만들어 공유했다. 못 보신 분도 있겠으나 어쨌든 이 교육 영상 공유를 시작으로 AI 스피치 책 쓰기 프로젝트가 시작되었고, 각 교수님은 각자의 수업에서 AI를 활용해보고, 2학기 동안 매월 1-2회씩 모여서 경험을 공유하고 AI 적용과 활용에 대한 관점을 발전시켰다.

교수님들과 대화하고 교류하면서 몇 가지 점에서 매우 흥미롭고 고무적이었다. 첫째, AI 스피치 책 쓰기 모임에 참여하신 교수님들 모두 인공지능 혁신(AI-Transformation)에 대한 관심이 매우 높았다. 모임 이전에 이미 AI를 사용해보고 AI 역량을 키우고 있었다. 소극적이었던 분들도 있었지만, 서로 자극이 되면서 이번 프로젝트 중에 유료 버전으로 전환하는 열성을 가지며 역량을 높이기도 했다. 둘째, 자신의 AI 역량을 더욱 높이고자 매우 적극적이었다는 점이다. 모임 중에 AI 관련 정보 공유가 많았는데 그때마다 스펀지처럼 빠르게 흡수하고 적용했다. 또한 각자 전문 영역에서 AI 정보를 적극 습득한 뒤 다시 모임에 와서 공유함으로써 AI 지식이 빠르게 축적되는 것을 보았다. 더불어 AI 활용 실력도 빠르게 늘어가는 것을 보았다. 셋째, 자신의 전문 영역을 AI 기반 위에 재수립하려는 기대와 목표를 가지게 되었다. 참여하신 교수님들 모두 단지 AI 활용 능력을 키우고 사용하는 것에 멈추지 않고, 자신의 미래를 바꿀 만한 새로운 영역과 역량에 도전하면서 자기 전공 역량을 AI로 재창조하려 노력했다. 단 4개월이었지만 평균 60세 전후 교수님들의 학문적 열정은 다시 20년 전으로 돌아간 것처럼 보였다. 각자 꿈꾸는 영역에서 실제로 큰 도약을 이룰 것 같은 희망도 보게 되었다. 이러한 도전과 실천이 한 번에 그치지 않고, 실제 업적과 역량으로 확립될 수 있도록 후속 모임과 연관 프로젝트들도 기대하게 되었다. 확장해볼 만한 항목으로 시민 교양강좌로서의 AI 특강, AI 커뮤니케이션학회 출범과 성장, AI 기반 〈스피치와 토론〉 강좌 개설, AI 〈스피치와 토론〉 교재 편찬, AI 관련 논문 발표와 저서 출간 등이 있었다. 이런 기대들 중에는 구상 중인 것, 시작을 위해 준비 중인 것, 이제 막 시작한 것, 시작하여 진행 중인 것, 심지어 이미 성료된 것도 있다.

　이번 프로젝트로 AI 활용은 공학자들만의 일 또는 먼 미래의 일이 아님을 확인하게 되었다. 이제 인문학자들의 AI 여정도 본격적으로 시작되었음을 확인하는 좋은 기회였다(본문에 언급한 강의 영상은 유튜브 검색 '스토 교수의 chatGPT-4o 활용법'으로 시청 가능함).

AI
스.
토.
리.

AI를 활용해본 〈스피치와 토론〉 교수들의 리포트

AI 시대
〈스피치와 토론〉
수업의
나아갈 방향:

인간적 소통과
AI의 협력

한성일

1

AI와의 첫 만남:
변화의 시작

1) AI와의 첫 만남

1993년 개인용 PC가 아직 널리 보급되지 않았던 시절, 필자는 중세국어 관련 석사학위논문을 원고지에 작성했다. 당시 옛글자를 포함한 논문을 직접 워드로 작성하기 어려웠기에 손으로 직접 쓴 원고를 복사실에 맡겨 타이핑 작업을 의뢰했던 기억이 생생하다. 덕분에 논문 심사를 무사히 마칠 수 있었다.

이후 아날로그에서 디지털로의 전환은 불가피한 변화로 다가왔다. 필자는 석사학위논문을 워드로 작성하고, 인터넷을 통해 박사학위논문 자료를 수집하며 디지털 환경에 점차 적응해갔다. 그러나 당시에도 디지털 기술은 낯설었고, 새로운 기기에 대한 두려움과 불편함은 강의 준비와 온라인 수업 도구(줌, 웹엑스)를 사용할 때까지 이어졌다.

2022년 말, OpenAI의 ChatGPT가 등장했을 때도 필자에게 AI는 여전히 먼 세계의 일이었다. 그러나 2023년 2학기 〈고전명저 북클럽〉 강의 중 한 학생이 AI를 통해 필자의 논문 제목을 찾았다는 이야기를 듣고, AI에 대해 관심을 갖기 시작했다. 당시에는 AI를 단순히 보조 도구 정도로 생각했으나, 1년 후 AI에 강의 주제를 질문했을 때 필자가 직관적으로 알고 있던 내용을 뛰어넘는 수준의 답변을 제공하는 것을 보고 큰 충격을 받았다.

AI는 필자의 강의 경험에서 얻은 통찰조차 정확히 재현하고, 심지어 이를 더 발전한 형태로 제시했다. 학교 당국이 AI 활용 교수법 가이드라인을 요청했을 때도 AI를 단순한 보조 도구로 여긴 교만함을 반성하게 되었다.

AI 관련 서적과 자료를 읽고, 강의 과제를 AI와 함께 작업하며 AI의 능력에 대한 경외심은 날로 커졌다. 하지만 그 과정에서 AI가 가진 한계와 틈도 발견할 수 있었다. AI는 인간의 사고력과 정보 접근 능력을 넘어설 수 있겠지만, 인간적인 감정, 창의성, 그리고 윤리적 판단을 대체할 수는 없었다. 이 깨달음은 필자에게 AI 시대의 핵심은 인간다움이라는 확신을 주었다.

결국, AI 시대에 인문학은 대체될 학문이 아니라 오히려 인간의 진정한 가치를 탐구하고 가르치는 중요한 분야로 부각될 것이다. 이러한 깨달음은 〈스피치와 토론〉 수업에서 AI와 공존하며 새로운 교육 방향을 모색하게 한 계기가 되었다.

2) AI의 등장과 교육 현장의 변화

AI가 교육 현장에 도입되면서 실제로 학생들이 큰 변화를 경험하는 구체적인 사례를 찾을 수 있다. 예를 들어, AI 기반의 학습 플랫폼인 '스마트 튜터링' 시스템은 개별 학생의 학습 성향과 취약한 부분을 분석하여 맞춤형 문제를 제공한다. 이러한 시스템은 특히 수학이나 과학 과목에서 학생이 이해하지 못한 개념을 반복해서 설명하고 문제를 제시해주면서 학생이 이해할 때까지 끊임없이 피드백을 제공하므로 복잡한 개념을 숙달하는 데 큰 도움을 주고 있다. 실제로 이런 시스템을 통해 성적이 평균보다 낮았던 학생의 학업 성취도가 점차 향상된 사례도 보고되고 있다.

또 다른 사례로는 대학교에서 AI를 활용해 학생들의 작문 능력을 향상시키기 위해 AI 에세이 평가 도구를 사용하는 경우다. 이 도구는 학생이 작성한 에세이를 실시간으로 분석하여 문법 오류나 논리의 흐름을 바로잡아주고, 더 좋은 문장 구조를 제안하는 피드백을 제공한다. 학생들은 이러한 피드백을 통해 글을 다듬고 학습하면서 글쓰기 능력을 더욱 효과적으로 향상시킬 수 있다.

하지만 AI가 주는 피드백에 익숙해지면 점차 스스로 사고하는 힘이 약해질 수 있다. 실제로 AI 기반 작문 평가 도구에 의존한 학생 중 일부는 피드백 없이 스스로 글을 쓰거나 새로운 아이디어를 구상하는 데 어려움을 겪었다. 또한, 이러한 도구가 제공하는 지식은 '정답'에 가까운 결과물이기 때문에 학생들이 비판적 사고나 다양한 접근 방식을 실험하는 기회가 줄어들 우려도 있다.

이를 해결하기 위해 교수자들은 AI의 도움을 받되 학생들이 스스로 사고하고 해결 방안을 찾는 기회를 강화하는 방식으로 수업을 설계하고 있다. 예를 들어, 교수자들이 AI의 피드백을 받은 후에는 학생들에게 동일한 주제로 창의적으로 의견을 발전시키거나, 추가 자료를 스스로 조사해 발표하게 하는 방식으로 자율적 학습을 장려하고 있다.

3) 〈스피치와 토론〉 수업에서 AI의 역할

〈스피치와 토론〉 수업에서는 학생들이 스스로 생각하고 논리적으로 자기 생각을 표현하는 능력이 중요하다. 단순히 지식을 전달하는 데 그치지 않고, 자신만의 독창적인 아이디어를 만들어내고, 이를 구조적으로 정리해 다른 사람들과 공유하는 과정이 핵심이다. 따라서 이 과정에서는 학생의 주체적인 사고와 다양한 비언어적 표현을 통한 공감 능력, 청중과의 상호작용 등이 요구된다.

이러한 수업에서 AI는 학생들이 스피치 대본을 작성하거나 논거를 구성하는 데 도움을 줄 수 있는 도구로 사용될 수 있다. 예를 들어, AI는 특정 주제에 대한 정보를 빠르게 수집하고 분석해주거나, 구조적인 대본을 작성하는 데 필요한 틀을 제시해줄 수 있다. 그러나 AI를 단순히 도구로 활용하는 데 그치는 것이 아니라, 학생들이 자신의 개성과 의견을 드러내는 방식으로 활용해야 한다는 점이 중요하다. AI가 제공하는 정보를 바탕으로 학생이 스스로 생각하고, 창의적인 방식으로 내용을 구성하여 발표하는 능력을 배양하는 것이 필요하다.

따라서 AI가 단순히 정보를 제공하는 역할을 넘어서서 학생들이 자신만의 목소리와 주장을 펼칠 수 있도록 돕는 방향으로 활용될 때, 〈스피치와 토론〉 수업은 기술의 발전과 더불어 더욱 효과적인 학습 경험을 제공할 수 있을 것이다.

2
AI 시대,
스피치와 토론의 변화

1) AI를 활용한 〈스피치와 토론〉 수업

이 장에서는 "〈스피치와 토론〉 수업에서 학생은 AI를 어떻게 활용할 수 있을까?", "교수는 AI와 어떻게 협력할 수 있을까?"라는 질문에 대한 구체적 해답을 챗GPT와의 대화를 통해 얻어낸 내용을 바탕으로 제시해보고자 한다.

(1) 학생의 AI 활용

AI는 학생들이 새로운 주제를 접하거나 발표를 준비하는 과정에서 강력한 학습 보조 도구로 활용될 수 있다. 첫째, AI는 학생이 구상한 아이디어를 바탕으로 연설문이나 토론 대본의 초안을 작성하는 데 도움을 줄 수 있다. 이를 통해 학생은 기본적인 논리 구조를 파악하고, 초안을 수정·보완하면서 자신만의 관점과 경험을 반영할 수 있다. 예를 들어, "환경 보호의 중요성"이라는 주제를 정하면 AI는 논리적 틀을 제시하고, 학생은 이를 개인적인 사례나 경험으로 보완할 수 있다.

둘째, AI는 학생들이 다양한 아이디어를 구상하고 정리하는 과정에서 핵심 개념을 도출하고, 이를 체계적으로 배열하는 데 유용하다. 주제와 관련된 주요 논점을 정리하고 논리적 흐름을 제공함으로써 학생들이 주제를 더욱 깊이 이해하고 효과적으로 발표 내용을 구성할 수 있도록 돕는다. 예를 들어, "탄소 배출 감소"를 주제로 할 경우, AI는 관련 세부 주제(정부 정책, 개인 행동, 기업 책임)를 체계적으로 정리하여 학생이 내용을 구체화할 수 있는 기반을 마련해준다.

셋째, AI는 특정 주제에 대한 최신 정보와 데이터를 신속하게 제공하여 학습 시간을 단축할 수 있다. 예를 들어, "재생 가능 에너지"와 관련된 최신 통계나 사례를 AI를 통해 수집함으로써 학생은 신뢰할 수 있는 자료를 기반으로 설득력 있는 논거를 개발할 수 있다.

그러나 이러한 이점에도 불구하고 AI에 의존하는 데는 한계가 있다. AI는 기존 데이터를 바탕으로 정보를 제공하기 때문에 창의적 사고와 독창적 아이디어를 대체할 수 없으며, 비판적 사고를 필요로 하는 학습 과정에서는 학생의 적극적인 참여가 필수다. 또한, AI의 답변을 무분별하게 사용할 경우 표절이나 비윤리적 문제가 발생할 수 있으므로 학생이 AI를 활용할 때는 결과물에 대한 출처를 명확히 밝히고, 이를 참고 자료로 삼아 스스로 내용을 발전시키는 노력이 필요하다.

따라서 교수자는 AI를 활용한 초안 작성이나 정보 수집 후 학생들이 자신의 경험과 의견을 덧붙이고 창의적으로 내용을 재구성하도록 지도해야 한다. 예를 들어, AI가 제공한 "환경 보호" 주제의 사례를 바

〈표 3-1〉 AI 활용의 주요 이점

AI 기능	활용 사례	학생에게 주는 이점
초안 작성 지원	연설문, 토론 대본 초안 작성	논리적 구조 수립 및 수정 보완 기능
아이디어 정리 및 배열	논거 구성과 주제별 세부 내용 정리	주제에 대한 깊은 이해와 체계적인 논리 전개
정보 수집 및 데이터 제공	최신 사례, 통계, 연구 결과 제공	빠른 정보 접근과 논리적 근거 강화

탕으로 학생이 참여했던 캠페인 경험을 발표 내용에 추가하도록 유도할 수 있다. 또한, AI의 도움 없이 스스로 자료를 탐색하고, 동일 주제에 대해 대안을 모색하는 활동을 병행함으로써 자율적 학습 능력을 강화할 수 있다.

결론적으로, AI는 학습 과정에서 효율성을 높이는 강력한 도구지만, 창의력과 비판적 사고를 대신할 수는 없다. 학생들이 AI의 장점을 활용하되 그 한계를 인식하고 스스로 학습하는 태도를 기를 수 있도록 교육 현장에서 적절한 활용 방안이 마련되어야 한다.

(2) 교수와 AI의 협력

AI는 교육에서 교수의 역할을 대체하기보다는 교수들과 협력하여 교육 경험을 더욱 풍부하고 맞춤화할 수 있는 보조적 도구로 작용한다. 교수는 AI가 제공하는 기술적 도움을 활용하여 학생 개개인에 더욱 집중할 수 있으며, AI가 학습의 기반 작업을 지원하는 방식으로 교육의 질을 높일 수 있다.

첫째, AI는 반복적이거나 기본적인 정보 제공과 자료 수집을 담당하여 학생이 필요한 자료를 빠르게 얻도록 돕는다. 개별 학생의 학습 수준에 맞춘 맞춤형 학습 추천과 연습 문제 생성 등 반복 학습을 지원한다. 실시간 피드백을 통해 학생들이 초안 작성 후 부족한 점을 보완하고, 더 나은 표현 방법을 시도할 수 있도록 조언한다.

둘째, 교수는 학생들의 개별 학습 과정을 모니터링하며, AI가 제공하지 못하는 정서적 지지와 동기 부여를 제공한다. AI가 도울 수 없는 창의적이고 비판적인 사고를 키우기 위해 학생들의 질문과 비판적 사고를 촉진하는 역할을 한다. 비언어적 표현의 중요성을 학생에게 전달하고, 발표 상황에서 청중과의 소통 방법 등을 지도하며, 공감과 소통 능력을 배양한다.

AI와 교수가 협력하면 AI는 자료 조사와 개념 설명을 담당하고, 교수는 창의적 사고를 격려하며 표현 능력 개발을 지도함으로써 양측의

〈표 3-2〉 AI와 교수의 역할 분담

역할	AI의 역할	교수의 역할
정보 제공	반복적이고 기본적인 정보 제공 및 자료 수집	학생들에게 정보의 적합성과 맥락적 이해 지도
학습 지원	맞춤형 학습 추천, 연습 문제 생성, 실시간 피드백 제공	학생의 학습 과정을 모니터링하고, 정서적 지지와 동기 부여
창의력 개발	초안 작성 지원 및 자료 제공	창의적 사고와 비판적 사고 촉진
비언어적 표현	비언어적 표현과 발표 방법에 대한 체크리스트 및 가이드 제공	청중과의 소통 방법 지도 및 공감 능력 배양
협력의 결과	자료 조사와 개념 설명을 지원하여 학습과정 효율화	창의적 사고와 표현 능력 개발을 통해 깊이 있는 학습 경험 제공

강점이 조화를 이루어 학생에게 최적의 학습 경험을 제공할 수 있다.

2) 〈스피치와 토론〉 수업에서 학생이 AI를 활용한 구체적 사례

〈스피치와 토론〉 수업에서 아직까지 학생들에게 AI를 어디까지 활용해도 좋은지에 대한 가이드라인은 제시하지 못하고 있다. 다만 학생들에게 AI를 활용했을 때는 과제물이나 발표 대본에 반드시 그 과정을 기술하도록 권고하고 있다. 예를 들어, 자기소개 스피치 대본의 서론을 AI의 도움을 받아 수정했다든지, 작성한 대본을 연설문에 적합한 구어체로 수정하는 작업을 AI에게 부탁했다든지 하는 것을 꼭 밝혀달라고 당부한다. 각주를 달거나 참고문헌을 작성하는 것처럼 AI의 역할을 명확하게 밝히게 함으로써 무분별한 AI 사용을 자제시킬 수 있다.

아직까지는 실제 학생들이 AI를 어떻게 활용하고 있는지, 또는 어떻게 활용할 수 있을지에 대한 데이터가 충분히 축적되지 못했다. 따라서 필자가 학생 입장에서 AI와의 대화를 통해 수업에 어떤 도움을 얻을 수 있을지를 시험하는 방식으로 효과적인 활용 방안을 모색해보았고, 그 과정에서 AI의 한계도 확인해볼 수 있었다.

(1) 학생 중심의 자기소개 스피치 초안 작성

〈스피치와 토론〉수업에서는 3분 분량의 자기소개 스피치를 시행한다. 자기소개 스피치 대본을 작성하기 위해 가장 먼저 해야 할 일은 나 자신을 가장 잘 드러낼 수 있는 주제를 선정하는 것이다. '나의 성격, 꿈, 좌우명, 깨달음, 좌절을 극복했던 일' 등 나의 삶을 성찰하는 과정을 통해 청중에게 공감을 갖게 할 수 있는 주제를 선택하는 일이 매우 중요하다.

이 과정에서 AI의 역할은 매우 제한적인데, AI가 나 자신을 잘 모르기 때문이다. 다만, AI가 자기소개의 주제가 될 수 있는 것들을 제시해줄 수는 있다. '성격', '꿈' 등의 주요 키워드를 제시해주고, 대략의 경험을 알려준 후, 이 내용을 적절하게 구성해줄 수도 있다. 하지만 자기소개를 글로 작성하거나 말로 하는 과정에서 가장 중요한 것은 자기성찰이다. 글쓰기나 말하기 능력을 키우기에 앞서 자기 자신을 돌아보고 자신을 성찰하는 과정을 갖게 함으로써 대학생으로서의 기본 자질을 함양할 수 있게 된다.

〈학생〉

하나의 주제로 자기를 소개하는 3분 스피치 대본을 작성하려고 할 때 초안을 너에게 부탁한다면 최소한 어떤 소스를 제공하면 가능할까?

〈ChatGPT〉

하나의 주제로 자기소개 스피치 초안을 요청할 때, 구체적이고 유익한 초안을 제공하기 위해 최소한 다음과 같은 소스가 있으면 좋습니다.

- 주제 및 목적: 자신을 소개하고 싶은 구체적인 주제 또는 목적을 정해야 해요. 예를 들어, "성장 배경을 통해 나를 표현하고 싶다"라든지, "장래의 꿈과 목표를 통해 나를 설명하고 싶다" 같은 방향을 제시해주세요.
- 개인적인 경험 또는 스토리: 스피치에 포함하고 싶은 본인만의 구체적인 경험이나 이야기를 공유하면 좋아요. 예를 들어, "고등학교 때 봉사활동 경험"이나 "특정 취미를 통해 배운 점" 같은 구체적인 사건이 있으면 좋습니다.
- 성격 및 가치관: 본인을 가장 잘 나타내는 성격적 특징이나 중요한 가치관을 알려주세요. 예를 들어, "도전적인 성격을 강조하고 싶다" 또는 "협업과 배려를 중요한 가치로 삼고 있다" 같은 내용이 초안에 반영될 수 있습니다.
- 특별히 강조하고 싶은 목표나 비전: 장래에 이루고 싶은 목표, 진로 계획, 혹은 현재 집중하고 있는 학업 또는 활동 등을 알려주세요. 예를 들어, "컴퓨터공학 분야에서 사회에 기여하고 싶다"거나 "창의적 아이디어로 사람들에게 긍정적 영향을 주고 싶다" 같은 목표도 좋습니다.

이런 정보들이 있으면 학생 개개인의 특성이 잘 드러나면서도 설득력 있는 스피치 초안을 만드는 데 큰 도움이 됩니다.

(2) 주제 선정 과정

〈스피치와 토론〉 수업에서는 5분 분량의 설득 스피치를 시행한다. 이때 학생들이 가장 어려워하는 것이 주장하고자 하는 주제를 선택하는 것이다. 설득 스피치의 주제는 본인의 관심과 경험이 충분히 반영되어 있어야 하고, 청중의 관심 또한 중요하다. 이때 AI에게 자신의 관심 분야와 관련된 주제를 추천받을 수 있다. 학생이 AI에게 설득 스피치 주제를 부탁하는 경우, 학생의 역할은 AI가 제안한 주제를 단순히 사용하는 것이 아니라 그 주제에 대한 자신의 시각과 경험을 바탕으로 개성을 담아 발전시키는 것이다. AI가 제시한 주제는 초기 아이디어에 불과하므로 학생은 그 주제를 탐구하며 논점과 논리 구조를 자신의 목소리에 맞게 구체화해야 한다.

예를 들어, AI가 "환경보호의 필요성"이라는 주제를 추천했다면, 학생은 개인적 경험이나 관심 분야, 구체적인 사례를 통해 이 주제를 자신의 색깔로 표현할 수 있다. 환경보호에 대한 특별한 사례를 연구하거나 자신의 경험을 넣어 진정성을 더하는 식으로 발전시킬 수 있다. 따라서 AI가 도울 수 있는 부분은 주제 선택의 초기 단계일 뿐, 학생의 역할은 이를 자기만의 시각과 논리로 다듬어가는 과정에 집중하는 것이다.

(3) 서론과 결론의 작성

스피치는 글쓰기와 달리 음성으로 구현되는 말하기다. 따라서 서론에서 청중의 관심을 집중시키는 과정이 매우 중요하다. 청중의 흥미를 유발할 수 있도록 서론을 작성하는 데 AI의 도움을 받을 수 있다.

〈ChatGPT〉

대본을 자연스럽고 흥미를 끌 수 있도록 수정해보았습니다. 이렇게 하면 질문이 조금 더 자연스럽고, 도입부가 청중의 흥미를 유도할 수 있을 거예요.

"여러분, 혹시 학창 시절에 학원이나 과외를 한 번이라도 받아본 적 있는 분들, 손 들어보실 수 있나요? 네, 많은 분들이 그렇겠죠? 저는 요즘 학원에서 아르바이트를 하고 있어서 사교육의 한 부분이 되었지만, 사실 초등학교부터 고등학교까지 단 한 번도 학원이나 과외를 다닌 적이 없습니다. 그런데도 내신에서 좋은 성적을 받을 수 있었고, 그 덕분에 성균관대학교에 입학하게 되었죠. 오늘은 제가 혼자 공부하면서 배운 자기주도 학습에 대해 이야기해보려고 합니다."

결론에서는 본론의 내용을 요약하고 결언을 통해 청중에게 나를 각인시키는 흥미롭고 인상적인 마무리가 필요하다. AI가 이런 부분을 보완해줄 수 있다.

〈학생〉

다음 결론을 본론의 내용을 잘 요약하면서도 흥미롭게 바꿔줘.

이러한 경험은 저에게 학원이나 과외 없이도 나 혼자서 해낼 수 있다는 자신감을 주었고, 어떠한 상황에서도 스스로 해결책을 찾아가는 방법을 가르쳐주었습니다.

〈ChatGPT〉

이러한 경험을 통해 저는 중요한 교훈을 얻었습니다. 결국, 누군가의 도움 없이도 스스로 목표를 세우고, 계획을 꾸준히 실천하면 원하는 성과를 이룰 수 있다는 것이죠. 학원이나 과외 없이도 제가 원하는 성적을 얻을 수 있었던 건 단지 운이 아니라 자기주도적인 학습 습관 덕분이었습니다. 지금도 그때의 경험이 저를 이끌어주고 있습니다. 학창 시절의 작은 도전이었지만, 그 과정에서 배운 스스로 해결하는 능력은 앞으로도 저에게 큰 힘이 될 거라고 확신합니다. 여러분도 여러분만의 방법으로 도전을 이겨내시길 바랍니다. 감사합니다.

이렇게 결론을 수정하면 본론의 핵심 내용을 요약하면서도 자기 주도 학습의 중요성을 강조하고, 청중에게 격려의 메시지를 전해 더 흥미롭고 인상적인 마무리가 될 것이다.

(4) 구어체 전환

스피치 대본은 구어체로 작성해야 하지만, 많은 학생이 문어체로 작성해 발표가 어색해지는 경우가 많다. 학생들이 구어체의 특성을 잘 이해하지 못하고 있어 수업을 통해 이를 가르치고 있지만 쉽게 활용하는 데는 많은 어려움이 있다. 이런 어려움을 AI의 도움을 통해 해결할 수 있다. 예를 들어, "저는 꿈을 이루기 위해 많은 노력을 기울였습니다"라는 문장을 AI가 "제 꿈을 이루려고 진짜 많은 노력을 했어요"처럼 바꿔서 더 편안하고 말하기 좋은 표현으로 수정해줄 수 있다.

(5) 비언어적 표현 활용 방법

〈스피치와 토론〉 수업에서 가장 중요함에도 불구하고 충실한 교육이 이뤄지지 못하는 부분이 비언어적 표현이다. 1시간 정도 비언어적 표현의 중요성과 의미를 전달하는 것이 전부다. 학생들이 실제 발표를 진행할 때도 비언어적 표현에 대한 대략적인 피드백만 진행하고 있다. 이런 부분을 학생 스스로 AI의 도움을 받아 연습하면 부족한 부분을 보완할 수 있다.

예를 들어, 학생이 AI에게 작성한 대본을 보여준 후 비언어적 표현 훈련을 위한 피드백을 요청하면 AI는 목소리의 톤, 속도 조절, 표정, 시선 처리, 손동작 및 몸짓 등 비언어적 표현을 발표 내용과 연결해서 효과적으로 사용할 수 있는 구체적 가이드를 제공한다. 또한 발표 연습 시 필요한 체크리스트를 만들어주고 피드백도 해줄 수 있다.

3) 〈스피치와 토론〉 수업에서 교수와 AI의 협업

학생들이 AI를 활용하더라도 교수가 할 수 있는 교육적 역할은 여전히 중요하고 다양하다. AI가 기초적인 초안이나 피드백을 제공하는 동안 교수는 학생들에게 깊이 있는 사고와 자기주도적 학습을 촉진하는 방법론을 가르칠 수 있다.

(1) 사고력과 논리 구성법 지도

AI와 교수의 협력은 학생들이 논리적 사고와 설득력 있는 논리 구성을 개발하도록 돕는다. AI는 논리적 구조와 자료를 제공하고, 교수는 이를 바탕으로 학생들이 비판적 사고와 개인적 통찰을 심화할 수 있도록 지도한다.

AI는 논리적 구조 초안을 제시하고, 근거를 강화하며, 객관성을 유지하는 데 도움을 준다. 반면, 교수는 학생들이 AI가 제안한 자료와 논리를 검토하여 적합성을 판단하도록 돕고, 설득력과 일관성을 높이는 피드백을 제공한다. 또한, 학생이 자신의 경험과 가치관을 반영해 논리를 재구성하도록 지원해 개인적인 통찰을 담을 수 있게 한다. 이 과정은 AI가 제공하는 논리적 기초와 교수의 비판적 사고 지도 간의 균형을 통해 이루어진다.

(2) 비언어적 표현 훈련 및 피드백 제공

AI는 학생들이 작성한 대본을 구어체로 자연스럽게 수정하고, 논리적 흐름과 강조 표현을 조정해 설득력 있는 발표 준비를 지원한다. 이러한 과정을 통해 학생들은 발표 대본을 기반으로 실제 발표 연습을 진행할 수 있으며, AI는 이에 대한 피드백을 제공한다.

교수는 이러한 과정에서 학생들의 발표를 관찰하고, 비언어적 표현의 사용에 대해 심화된 피드백을 제공한다. 목소리 톤, 시선 처리, 손동작, 표정 등 발표의 비언어적 요소를 평가하고, 이를 개선할 구체적인 방안을 제시한다. 예를 들어, 발표 도중 청중과의 자연스러운 시선 교환을 통해 신뢰감을 형성하거나, 손 제스처를 활용해 논점을 강조하는 방법을 지도한다. 교수의 피드백은 학생이 청중과 자연스럽게 교감하고, 발표 중 리듬과 톤을 조정하며 설득력을 높이는 데 초점이 맞춰져 있다.

비언어적 표현의 중요성을 학생들에게 효과적으로 전달하기 위해 성공적인 사례를 함께 제시할 수도 있다. 예를 들어, TED 강연에서 발표자가 비언어적 표현을 활용해 청중과 교감한 사례를 공유하면, 학생들은 이를 모델로 삼아 자신만의 스타일을 발전시킬 수 있다. 실제 사례를 통해 학생들은 목소리 톤의 변화, 적절한 손 제스처, 시선 교환, 표정 등의 중요성을 체감하고, 이를 자신의 발표에 적용할 수 있다.

결과적으로, AI와 교수의 협력을 통해 학생들은 비언어적 표현의 중요성을 체계적으로 학습하고, 이를 실제 발표에 적용할 기회를 얻는다. AI는 발표 준비 단계에서 실질적이고 구체적인 피드백을 제공하고, 교수는 이를 보완하여 학생이 청중과의 소통 능력을 효과적으로 키울 수 있도록 돕는다. 이를 통해 학생들은 발표의 전달력과 설득력을 동시에 강화할 수 있다.

(3) AI 활용 능력 및 한계 인식 지도

학생들에게 AI의 장점과 한계를 명확히 이해시키고, 비판적으로 활용하도록 지도하는 것이 중요하다. AI는 정보와 논리적 피드백을 제공해 학생들이 초안을 발전시킬 수 있도록 돕는다. 그러나 교수는 학생이 AI의 피드백을 맹목적으로 수용하지 않고, 자신의 의도와 일치하는지 판단하며 창의성과 독창성을 더하도록 지도한다.

이 과정을 통해 학생들은 AI를 단순한 도구로 활용하면서도 자신의 표현력을 강화하고, AI의 한계를 보완하며 주체적인 사고력을 기를 수 있다.

(4) 자기성찰과 평가 능력 배양 지도

AI는 글의 강점과 약점을 객관적으로 분석하고, 반복적인 피드백을 제공해 학생들이 자기 평가 능력을 키울 수 있도록 돕는다. 교수는 학생이 AI의 피드백을 비판적으로 검토하며 자신의 강점과 약점을 파악하도록 지도하고, 이를 바탕으로 글을 개선하는 과정을 지원한다. 이러한 협력은 학생이 스스로 학습 과정을 주도하며 사고력과 자기 표현력을 심화하는 데 기여한다.

(5) 평가표 작성과 평가 과정

AI는 평가 기준과 점검 체크리스트를 제공해 평가표 작성 과정의 객관성과 효율성을 높인다. 교수는 학생이 AI의 도움을 바탕으로 자신의 경험과 통찰을 반영한 평가표를 작성하도록 지도하며, 청중의 시각에서 비판적 분석 능력을 키울 수 있도록 돕는다. AI와 교수의 협력을 통해 학생들은 평가 과정에서 듣기와 분석 능력을 발전시키고, 깊이 있는 평가를 통해 자신의 사고력을 확장할 수 있다.

(6) AI와 협력한 토론 준비

AI와 교수의 협력을 통해 토론 준비와 실행 과정을 체계적으로 지원하면, 학생들은 논리적 사고와 설득력을 동시에 기를 수 있다. AI는 정보와 데이터를 기반으로 분석을 제공하고, 교수는 이를 바탕으로 학생들의 사고를 심화시켜 토론 전반의 질을 높인다.

① 주제 선정과 입론서 작성

토론 주제를 선정할 때, AI는 학생들에게 다양한 시각을 제공하며 주제에 필요한 자료와 논거를 제안해 준비 시간을 줄일 수 있다. 입론서를 작성할 때는 논리적인 구조와 활용 가능한 데이터를 제공하여 학생들이 체계적으로 주장을 전개할 수 있도록 돕는다. 이러한 과정을 통해 학생들은 AI의 도움으로 논거를 준비하고, 이를 바탕으로 균형 잡힌 입장을 구성할 수 있다.

교수는 AI가 제공한 자료를 토대로 학생들이 주제의 양면성을 깊이 이해하도록 지도하고, 주장과 근거를 일관성 있게 작성하는 방법을 가르친다. 이를 통해 학생들은 단순한 자료 활용을 넘어 비판적 사고와 설득력 있는 표현 방식을 학습하게 된다.

② 반론 준비와 연습

AI는 반대 측의 주요 논거를 예측하고, 예상되는 반론을 제공함으로써 학생들이 효과적으로 반박을 준비할 수 있도록 돕는다. 또한, 시뮬레이션 환경을 통해 다양한 반론 예시를 연습할 기회를 제공한다. 이는 학생들이 실제 토론 상황에서 유연하게 대응할 수 있는 능력을 키우는 데 유용하다.

교수는 반론 준비 과정에서 학생들이 각 논거의 강약을 평가하고, 상대방의 입장에서 사고하는 연습을 하도록 지도한다. 반론을 제시할 때는 논리적이면서도 상대방을 존중하는 태도를 강조해 토론의 품격을 유지하도록 돕는다.

③ 토론 진행과 비언어적 표현

AI는 토론 진행을 시뮬레이션하며 말의 속도, 어조, 논리 전개 방식 등에 대한 피드백을 제공한다. 특히, 짧고 명확한 답변이나 강조점 설정 같은 기술을 훈련하는 데 효과적이다.

교수는 학생들에게 자신감 있는 목소리, 시선 처리, 차분한 몸짓 등 비언어적 표현의 중요성을 강조하며, 이를 활용한 설득력을 높이는 방법을 지도한다. 토론이 끝난 후에는 학생들에게 구체적인 피드백을 제공해 실제 상황에서 더 효과적으로 표현할 수 있도록 연습을 유도한다.

④ 토론 후 분석과 개선

토론이 끝난 뒤, AI는 토론 내용을 기록하고 자동으로 분석해 학생들에게 피드백을 제공한다. 효과적인 논점과 개선이 필요한 부분을 요약함으로써 학생들이 스스로의 강점과 약점을 객관적으로 파악할 수 있도록 돕는다.

교수는 AI의 분석 결과를 기반으로 학생들과 함께 토론 과정을 되짚어보며, 각자가 발전할 수 있는 구체적인 방향을 제시한다. 이러한 반성적 과정은 학생들이 단순히 토론 기술을 배우는 것을 넘어 스스로 학습하고 성장하는 데 중요한 기회를 제공한다.

이처럼 AI와 교수가 협력해 주제 선정부터 토론 후 분석까지의 과정을 지원하면, 학생들은 논리적이고 설득력 있는 토론 능력을 체계적으로 배양할 수 있다.

3
인간 소통의 미래와
AI의 협력

1) AI 시대의 설득 전략: 비언어적 표현의 역할

AI 시대 〈스피치와 토론〉 교육은 AI가 논리적 구조와 설득의 기본을 지원하는 도구로서의 역할을 맡는 반면, 연사의 감정적 표현과 신뢰를 구축하는 비언어적 요소는 여전히 인간의 영역으로 남아 있을 것이다. 예를 들어, AI는 논리적 초안을 제공하고 학생들이 이를 바탕으로 비언어적 요소를 더해 감정적으로 전달하는 훈련을 통해 설득력을 높일 수 있다. 또한, AI는 학생의 목소리 톤, 속도, 시선 처리, 표정 등을 분석하여 실질적이고 유용한 피드백을 제공함으로써 전달력을 강화한다. 이 과정을 통해 학생들은 AI 시대에 요구되는 차별화된 소통 능력을 갖추게 된다.

KBS 〈싱크로유〉라는 프로그램에서 AI가 가수의 목소리를 거의 완벽하게 구현해 전문가들조차 혼동하게 만든 사례는 AI가 연사의 목소리뿐 아니라 비언어적 표현까지 재현할 가능성을 보여준다. 앞으로 AI는 연사의 목소리 톤과 스타일을 반영한 스피치 모델을 제공하고, 표정, 시선, 제스처 등 비언어적 표현에 대한 조언을 통해 스피치 훈련을 지원할 것이다.

그러나 스피치의 핵심적인 실행은 여전히 인간의 몫이다. 〈스피치와 토론〉 교육은 아리스토텔레스가 주장한 설득의 세 가지 요소인 로고스(논리), 파토스(감정), 에토스(신뢰)를 중심으로 이루어진다. 과거에는 주로 로고스를 강조했지만, AI가 논리적 근거를 쉽게 생성하고 입론을 구성해주는 시대에는 감정적 설득(파토스)과 신뢰(에토스)를 강화하는 것이 더욱 중요해졌다. 목소리 톤, 시선, 표정, 제스처 같은 비언어적 표현이 청중을 설득하는 결정적인 요소로 자리 잡고 있으며, 이를 효과적으로 활용하는 교육이 필수다.

결국, AI의 강점을 활용한 논리적 지원과 더불어 인간적인 표현력을 통해 감성적 설득과 신뢰를 강화하는 교육은 AI 시대에 필수적인 소통 능력을 갖춘 연설자로 성장하는 데 핵심 역할을 할 것이다.

2) AI와 교수의 협력: 감성적 설득력 강화 전략

필자는 그동안 학생들에게 로고스 못지않게 중요한 것이 파토스라고 강조해왔다. 인간은 결코 이성적이지 않기 때문에 논리적 사고를 통한 설득만으로는 충분하지 않다. AI가 논리적 사고를 감당하는 시대에는 인간의 감정을 자극하는 설득 능력, 즉 파토스에 대한 관심과 활용이 더욱 중요해진다. 파토스를 효과적으로 표현하려면 언어적 표현과 비언어적 표현을 모두 활용하는 것이 중요하다. 이를 위해 AI와 교수자가 협력한다면 다음과 같은 역할 분담이 가능할 것이다.

먼저 언어적 표현을 활용할 때, AI는 감정을 표현할 수 있는 문장 구조와 단어 선택을 제안해줄 수 있다. 예를 들어, 설득력 있는 언어로 감정적인 연결을 강화하는 문장이나 비유적 표현을 추천할 수 있다. 또한, 특정 감정을 드러내는 다양한 표현 예시를 제공해 학생들이 선택적으로 적용하도록 도울 수 있다.

교수자는 AI가 제안한 표현을 바탕으로, 학생들이 자신의 진정성 있는 감정을 담아내도록 지도할 수 있다. AI가 제시하는 언어적 표현을 학생들이 실제로 공감하면서 사용하도록 격려하고, 각 표현이 청중에게 어떤 감정적 영향을 미치는지 지도하며, 학생들이 그에 맞는 톤과 템포를 직접 연습해보도록 도와줄 수 있다.

다음으로 비언어적 표현을 활용할 때, AI는 발표 내용에 따라 강조해야 할 포인트를 알려주고, 각각의 문장에 적합한 톤과 속도를 추천할 수 있다. 예를 들어, 감정적인 대목에서는 속도를 천천히 하거나 목소리를 낮추는 방식으로 감정을 전달할 수 있도록 가이드라인을 제공한다.

교수자는 학생들이 실제 발표 연습을 통해 비언어적 표현을 체득할 수 있도록 피드백을 주면 좋을 것이다. 예를 들어, 감정이 잘 전달되는 표정이나 시선, 손동작 등을 연습하게 하여 학생들이 스스로 감정을 드러내고 청중과 교감할 수 있도록 이끌어준다, 이렇게 AI와 교수자가 역할을 나누어 협력하면, 학생들이 언어적 · 비언어적 표현 모두에서 파토스를 효과적으로 표현할 수 있게 되며, 자신만의 스타일을 찾아갈 수 있을 것이다.

3) 에토스 중심의 설득: 신뢰와 진정성의 힘

에토스는 발표자가 청중에게 신뢰와 권위를 전달하는 핵심 요소로, 궁극적으로 설득력을 높이는 중요한 역할을 한다. 발표자의 인격, 인품, 전문성, 공감 능력, 그리고 그가 지닌 태도와 배려심 등은 에토스를 형성하는 기본적인 요소들이다. AI가 논리적인 로고스를 지원할 수는 있지만, 발표자의 신뢰성과 진정성은 인간적 경험과 깊은 공감에서 우러나오는 것이며, 이를 효과적으로 표현하는 능력은 여전히 인간이 담당해야 할 영역이다. 그러므로 〈스피치와 토론〉 수업에서는 학생들이 에토스를 통해 진정성 있고 설득력 있는 연설자로 성장하도록 이끄는 것이 중요하다. AI 시대를 살아가는 학생들은 인간적인 매력과 신뢰감을 통해 청중과 소통하며, 진정한 교양인으로서 성장할 수 있을 것이다. 에토스를 구현하는 교육 방안을 살펴보면 다음과 같다.

첫째, 진정성 있는 표현이 중요하다. 학생들이 자신의 경험과 감정을 바탕으로 이야기할 때, 청중은 발표자를 더욱 신뢰하고 공감하게 된다. 개인적 사례를 통해 자신의 개성과 경험을 진솔하게 표현하는 법을 가르쳐 연설이 청중에게 진정성 있게 다가가도록 유도할 수 있다. 지나치게 다듬어진 표현보다는 본인만의 자연스러운 말투와 목소리 톤을 사용하도록 하여 청중에게 인간적인 매력을 전달하게 한다.

둘째, 청중의 관점을 이해하고, 그들이 공감할 수 있는 요소를 찾아 스피치에 반영하는 것이 중요하다. 또한 토론 상황에서 상대방의 의견에 동의하지 않더라도 경청하고 존중하는 태도를 지니도록 지도해야 한다. 청중은 연사의 존중과 배려가 담긴 태도에서 큰 신뢰를 느끼며, 이러한 관계가 형성될 때 발표자는 더 깊이 설득할 수 있게 된다.

셋째, 자연스러운 비언어적 표현을 잘 활용해야 한다. 진심 어린 표정과 시선, 손동작과 제스처는 말의 설득력을 배가시키는 중요한 요소다. 시선 처리와 표정을 통해 감정을 드러내고, 말의 의미를 시각적으로 보완하는 법을 지도하여 청중에게 더 큰 인상을 남길 수 있도록 한다. AI가 이성적 내용을 제공하는 시대에 인간만이 구현할 수 있는 진심이 담긴 비언어적 표현은 설득의 강력한 도구가 될 것이다.

넷째, 유머는 발표자와 청중 사이의 경직된 분위기를 완화하고 인간적 매력을 돋보이게 한다. 학생들이 발표 시 가벼운 유머를 시도하고, 마무리에서 청중에게 감사를 표하는 방법을 연습하게 하여 연설이 따뜻하게 마무리될 수 있도록 유도한다.

다섯째, 완벽한 표현보다는 오히려 실수를 수용하며 진솔한 태도를 유지하는 연설이 더욱 인간적이고 진정성 있게 다가갈 수 있다. 실수할 때 이를 자연스럽게 넘기는 연습을 통해 연설 도중 발생하는 예기치 못한 상황에서도 유연하게 대처할 수 있도록 지도해야 한다.

인문학의 본질은 인간 본성에 대한 탐구다. 인문학 교육의 목표는 지식을 쌓는 데 그치지 않고, 진정한 교양인으로 성장하는 데 있다. AI 시대에 필요한 것은 논리적인 사람보다는 정직하고 인간적인 사람이다. 정직과 진정성, 배려의 미학은 설득의 본질이며, 기계가 인간을 능가하는 시대가 오더라도 이러한 인간다움은 AI가 대신할 수 없는 영역으로 남아 있을 것이다.

4) 청중 중심의 소통: 공감과 유연성의 중요성

AI 시대에는 청중을 이해하고 공감하며 유연하게 소통할 수 있는 능력이 그 어느 때보다 중요해지고 있다. AI는 데이터를 기반으로 논리적이고 설득력 있는 표현을 제공할 수 있지만, 청중의 감정과 반응을 실시간으로 파악하고 그에 따라 소통 방식을 조정하는 것은 인간 고유의 역할이다. 효과적인 소통은 단순히 정보를 전달하는 것을 넘어, 청중과의 감정적 연결과 신뢰를 바탕으로 더 깊이 있는 공감대를 형성하는 과정이다.

청중을 이해하기 위해서는 그들의 연령, 배경, 관심사를 분석하고 그에 맞는 적절한 메시지와 표현 방식을 설계하는 것이 필요하다. 예를 들어, 젊은 층을 대상으로 하는 연설에서는 친근한 언어와 최신 트렌드를 활용한 사례를 사용하는 것이 효과적일 수 있다. 또한, 청중이 기대하는 주제와 필요를 파악하여 그들의 관심사를 반영한 내용을 준비하면 설득력을 한층 높일 수 있다.

청중과 공감하기 위해서는 개인적인 이야기나 경험을 통해 감정적 연결을 만드는 것이 중요하다. 이러한 감정적 연결은 청중이 연설자의 메시지에 몰입하고 공감하도록 돕는다. 더불어, 연설자는 청중의 표정, 자세, 집중도를 관찰하여 반응을 읽고, 연설의 톤이나 속도를 조정하는 유연성을 발휘해야 한다. 이는 청중의 참여를 이끌어내고, 그들의 요구에 즉각적으로 대응할 수 있는 능력을 키우는 데 필수다.

경청의 중요성 또한 간과할 수 없다. 청중에게 경청은 연설자와의 신뢰를 형성하고, 소통의 깊이를 더하는 데 핵심적인 역할을 한다. 경청은 단순히 듣는 것이 아니라, 연설자가 전달하는 메시지에 공감과 관심을 보여주는 적극적인 소통의 한 형태다. 이를 통해 연설자는 자신감을 얻고, 연설의 질도 높아진다. 집중력 있는 자세와 열린 마음으로 연설자를 대하며, 고개를 끄덕이거나 미소를 짓는 등 긍정적인 비언어적 반응을 통해 연설자와의 연결을 강화할 수 있다.

마지막으로, 청중을 존중하고 신뢰를 형성하는 태도는 소통에서 무엇보다 중요한 요소다. 서로 다른 의견을 포용하고, 문화적 다양성을 이해하며, 이를 반영한 소통 방식을 유연하게 조정할 수 있어야 한다. 이러한 노력은 청중과 연설자 간의 관계를 더욱 깊게 만들고, 설득력 있는 메시지를 전달하는 데 기여한다.

결국, AI 시대의 소통은 AI가 제공하는 논리적 도구와 데이터를 활용하되, 인간만이 구현할 수 있는 공감과 유연성을 통해 진정성 있는 메시지를 전달하는 데 초점이 맞춰져야 한다. 이는 설득력 있고 신뢰받는 소통자로 성장하는 데 반드시 필요한 역량이다.

AI
스.
토.
리.

AI를 활용해본 〈스피치와 토론〉 교수들의 리포트

AI 시대의
공적 말하기
교육:

교육 혁신과
'객관성의 주관화'

우상수

1
생성형 AI와의 만남
그리고
동행할 결심

최근 몇 년 동안 교육 환경은 급격한 변화를 겪어왔고 그 중심에는 항상 기술의 발전이 있었다. 특히 코로나19 팬데믹 이후 본격적으로 세상에 등장한 생성형 인공지능(AI)의 영향력은 사회 전 분야에 엄청난 파장을 일으키고 있으며, 교육 분야 역시 예외일 수 없다.

필자는 성균관대학교 학부대학에서 의사소통 영역의 강좌를 꽤 오랜 기간 담당해왔고, 그동안 수업 준비나 연구 활동을 위해 다양한 방법으로 자료를 수집해왔다. 특히 그중에서도 인터넷 검색은 언제나 쉽게 접근할 수 있는 유용한 도구였다. 하지만 제한적이고 표면적인 정보 제공 차원에 머무르는 경우가 많아서 늘 후속 작업의 피로감으로 아쉬움을 느껴오던 터였다.

그러던 중 생성형 AI를 접하게 되면서 그동안 겪어보지 못했던 완전히 새로운 세상이 시작되고 있음을 인정하지 않을 수 없었다. AI와 함께하는 시간이 길어질수록, 내가 던지는 질문과 요구가 더욱 정밀하고 세밀해질수록 입이 다물어지지 않을 정도의 신박한 결과를 시차 없이, 막힘없이 쏟아내는 AI의 능력에 그저 감탄의 소리가 절로 나왔다. 하지만 그 놀라움은 어느 순간 엄습하는 두려움과 위기감으로 바뀌기도 했다. 평소 막연하게 생각해오던 AI 활용 가능성을 훨씬 뛰어넘었다는 사실을 확인함과 동시에 AI가 보여주는 한계를 가늠할 수 없는 정보수집 능력, 생성 및 추론 능력, 정리 및 확장 능력에 압도당했기 때문이다.

AI의 발전단계로 보자면 초기에 해당하는 현재의 수준도 이러한데 더 발전하여 앞으로 등장하게 될 업그레이드 버전의 결과는 과연 또 어떠할 것인가! 지금까지 경험하지 못했던 기술이 인간의 능력을 훨씬 능가하는 시대에 대학교육을 담당하는 나는 이 상황을 어떻게 정리해야 할 것인가! 삶을 살아오면서 여러 번 그러했듯이 또다시 깊은 고민의 숲 한가운데서 나아가야 할 길을 결정해야 하는 선택의 기로에 선 느낌이었다. 엄밀히 말하면 이번에는 이미 정해진 필수코스로 들어서기 직전 결단의 기로로 떠밀렸다는 표현이 더 적절하겠다. 결국 AI와 동행하는 길을 택했다. 아니, 솔직한 심정으로 말하자면 선택의 여지가 없었다. 그 길 이외의 다른 길은 보이지 않았기 때문이다.

인류의 새로운 기술혁명이라는 생성형 AI와의 첫 만남은 그야말로 충격 그 자체였다. 비록 그리 길지 않은 시간이었지만 정신을 가다듬고 새로운 결심에 이르기까지는 심리적으로 여러 단계를 거쳐야 했다. 문득 스위스 출신의 정신과 의사 엘리자베스 퀴블러 로스(Elisabeth Kübler-Ross)가 정립했던 심리변화의 5단계가 나에게도 있었음을 깨달았다. 중병을 앓고 있거나 죽음을 앞둔 환자들이 겪는 심리적 과정을 5단계로 정리한 바로 그것과 생성형 AI를 접하고 난 후 나의 내적 변화가

① 부정(Denial): "이게 설마 가능하겠어?", "그저 프로토타입일 뿐이겠지."

② 분노(Anger): "왜 이런 기술이 필요한 거지?", "이렇게 되면 교육은 어떻게 되는 거야?"

③ 타협(Bargaining): "AI를 도구로 활용할 수 있을까?", "연구와 교육에 접목할 수 있을까?"

④ 우울(Depression): "결국 AI는 모든 걸 할 수 있을 테고, 결국 내 역할은 줄어들겠지."

⑤ 수용(Acceptance): "AI는 내 창의력을 증대시킬 수 있어.", "이 변화를 받아들여서 새로운 결과를 도출할 수 있을 거야."

유사하게 나타났다.

이 글은 바로 이와 같은 고민 끝에 도달한 결단의 결과물이자 개인적으로 새로운 교육방법의 패러다임을 모색하기 위한 첫 시도라고 할 수 있다.

그럼 이제부터 생성형 AI가 〈스피치와 토론〉이라는 커뮤니케이션 교육 분야에 과연 어떻게 접목될 수 있는지에 대해 구체적으로 살펴보기로 하자. 물론 이 글은 AI와의 만남 이후 AI와의 협업(?)을 통해 작성된 것임을 미리 밝힌다.

2
공적 말하기 교육과
AI

1) 공적 말하기 교육에서 AI의 수용

생성형 AI를 말하기 교육에 적극적으로 도입하는 것은 이전과는 차원이 다른 교육적 효과의 극대화라는 새로운 가능성을 확인하는 일이라고 본다. 이제는 그 가능성을 수강생들과 함께 나누며 시대에 걸맞은 새로운 교육 패러다임을 실현하는 데 힘을 쏟고자 한다. 따라서 필자는 공적 말하기 교육에서 생성형 AI는 단순한 활용적 도구가 아니라, 수강생들이 공적 말하기 교육을 통해 세상을 더 넓게 보고, 깊이 사고할 수 있는 길잡이 역할을 선제적으로 수행하는 협력적 도우미로 규정한다. 먼저, 공적 말하기 교육 분야에서 가능한 생성형 AI의 영향에 대해 몇 가지로 정리해본다.

(1) 자료 탐색의 혁신

연구나 교육에서 가장 먼저 해야 할 일은 신뢰할 수 있는 정보를 확보하는 일이다. 하지만 방대한 양의 정보 속에서 매번 필요한 자료를 효율적으로 찾는 것은 쉽지 않은 일이다. 인터넷 검색은 여전히 유용하지만, 그 정보의 질과 신뢰성을 확인하기 위해서는 추가적인 시간이 필요하다. 그렇기에 수많은 문서와 논문을 검색하며 시간을 소비하는 경우가 잦다.

생성형 AI는 이전의 인터넷을 이용한 단순 검색과는 차원이 다르다. AI는 찾는 정보나 논문 주제에 대한 핵심 내용을 단순한 검색 이상으로 제공해주기 때문이다. 따라서 기존의 정보 검색 방식보다 훨씬 심화된 자료 분석이 가능하다. AI는 단순히 정보를 나열하는 것을 넘어서서, 자료의 맥락을 이해하고 이를 정리·분석하는 능력을 갖추었다. 이는 사용자가 더 적은 시간 안에 더 많은 유용한 자료를 얻을 수 있게 해주기 때문에 이로 인한 파급 효과는 당연히 연구와 교육에 대한 접근 방식에 급격한 변화를 불러왔다.

(2) 공적 말하기 실습 준비단계에서 AI의 역할

〈스피치와 토론〉 교과목처럼 공적 말하기 실습 중심의 수업에서 생성형 AI는 어떤 역할을 할 수 있을까? 먼저, 〈스피치와 토론〉은 준비 과정에서 많은 자료를 수집하고 이를 논리적으로 정리하는 것이 중요하다. 학생들은 각자 다양한 주제에 대해 발표를 준비하거나 토론을 위한 논거를 마련해야 한다. 이때, 학생들은 생성형 AI로부터 자신이 다루는 주제에 대해 다양한 관점을 제시받기도 하고 논리를 구조화하는 등에서 큰 도움을 받을 수 있다. 예를 들어, 학생이 "기후 변화의 경제적 영향"이라는 주제로 정보 제공 스피치를 준비할 때, 생성형 AI는 경제적 측면뿐만 아니라 사회적·환경적 측면을 함께 고려한 종합적인 자료를 제공할 수 있다. 또한, 학생들이 토론의 논거를 마련할 때 반론을 예상하고 그에 대한 대응 논리를 개발하는 데도 AI가 큰 도움이 될 수 있다. 이는 〈스피치와 토론〉의 핵심인 비판적 사고와 논리적 사고를 촉진하는 데 AI가 중요한 기여를 할 수 있다는 뜻이다.

(3) 공적 말하기 실습 피드백 단계에서 AI의 역할

생성형 AI는 단순히 자료를 제공하는 것을 넘어서서 학생들의 스피치에 대해 피드백을 제공해줄 수 있을 정도여서 제3의 청중 또는 교수자의 역할도 가능하다고 생각한다. 학생들이 발표를 앞두고 연습을 하고자 할 때, AI는 그들의 발음, 어휘 사용, 논리 전개의 일관성 등을 분석해 피드백을 제공할 수 있다. 예를 들어, 학생이 지나치게 반복적인 어휘를 사용하거나 논리의 흐름이 매끄럽지 않을 때, AI는 이를 지적하고 개선 방안을 제안할 수 있다. 이러한 실시간 피드백은 학생들이 자신의 스피치 상태를 점검하고 개선하는 데 큰 도움이 될 것이다. 교과목 담당 교수자가 일일이 모든 학생의 스피치를 정밀 분석하고 피드백을 제공하는 데는 한계가 있기 때문에 AI의 이러한 기능은 매우 유용할 수 있다. 학생들은 더 자주, 그리고 더 깊이 자신의 발표를 점검하고 스스로 발전할 기회를 얻을 것이기 때문이다.

(4) 토론에서의 AI 활용

토론 수업에서도 AI는 중요한 역할을 할 수 있다. 토론에서 가장 중요한 것은 상대방의 논리를 분석하고, 그에 맞는 반론을 제시하는 능력이다. 생성형 AI는 학생들이 주제를 선정하고 논거를 마련할 때, 상대방의 반론을 예측하는 데 특히 도움을 줄 수 있다. 예를 들어, 학생이 찬성 측 입장에서 논거를 준비할 때 AI는 반대 측에서 제기할 수 있는 다양한 논점을 제공하고, 이를 어떻게 대응할 수 있을지 미리 생각해볼 수 있도록 도울 수 있다. 이는 토론 수업에서 깊이 있는 논리적 사고를 촉진하며, 학생들이 더 다양한 시각을 고려해 토론을 준비하게 만드는 데 큰 역할을 할 것이다.

(5) 창의적 사고와 비판적 사고의 촉진

〈스피치와 토론〉 교과목처럼 공적 말하기 수업의 또 다른 중요한 목표는 창의적 사고와 비판적 사고를 기르는 일이다. AI는 특정 주제에 대한 다양한 관점과 자료를 제공하면서 학생들이 새로운 관점을 발견할 수 있도록 도와준다. 예를 들어, 기존의 시각에서 벗어나 새로운 방식으로 문제를 바라보려고 시도할 때 AI는 다양한 분야에서 영감을 줄 수 있다. 이는 단순히 주어진 자료를 학습하는 데서 그치는 것이 아니라, 학생들이 새로운 아이디어를 창출하고, 그 아이디어를 〈스피치와 토론〉에서 효과적으로 표현하는 데 큰 도움이 될 수 있다. 아울러 〈스피치와 토론〉의 내용 평가의 기준이 되는 논리성, 객관성, 창의성이 균형을 이루도록 하는 데 AI 활용이 중요한 역할을 할 수 있다는 뜻이다.

이처럼 생성형 AI는 공적 말하기 교육에서 매우 혁신적인 도구가 될 가능성이 충분하다. 교수자의 입장에서도 AI를 활용해 학생들이 더욱 풍부한 자료와 심화된 피드백을 제공받을 수 있기를 원하며, 실제 학생들은 AI를 통해 각자 〈스피치와 토론〉의 준비 과정에서 많은 선제적 도움을 받을 수 있을 것이다. 생성형 AI는 단순한 정보 제공을 넘어 논리적이고 비판적인 사고를 기를 수 있도록 기회를 제공하고, 실시간 피드백을 통해 자신의 발표를 개선할 수 있도록 돕는 차원으로 활용될 수 있다. 필자는 앞으로 AI가 공적 말하기 교육에서 중요한 역할을 할 것이라고 확신하며, 이러한 변화를 통해 모든 학생이 이전의 교육 효과를 훨씬 뛰어넘는 유의미한 결과를 얻을 것으로 확신한다.

2) 공적 말하기 실행단계에서 AI 활용

글쓰기와 달리 스피치는 현장성, 즉시성, 일회성이라는 특성이 존재한다. 이러한 특성은 공적 말하기가 지니는 본질적인 속성으로 스피치의 실행단계에서 나타나기 때문에 준비단계에서와는 달리 AI의 활용이 다소 제한적일 수밖에 없을 것이다. 그럼에도 불구하고 스피치의 실행단계에서 AI로부터 학습자가 받을 수 있는 도움은 무엇인지 살펴보기로 한다.

(1) 스피치의 현장성과 AI

현장성이란 화자가 청중과 현장에서 직접적으로 상호작용하며 비언어적 요소와 감정적 소통을 중요하게 만드는 특성을 말한다. 물론 AI는 청중처럼 현장의 분위기 등에 의한 미묘한 감정의 교차나 변화 등을 읽어낼 수 있을 정도는 아니지만, 청중 분석을 통한 사전 준비단계에서 현장성을 고려한 정보를 제공해줄 수 있고, 스피치 이후 녹화영상 등을 통한 비언어적 분석과 피드백을 통해 화자가 청중과의 물리적·감정적 연결을 강화할 방법을 제공해줄 수 있을 것이다.

청중 분석: AI는 스피치의 청중 특성에 대한 데이터를 제공하여 스피커가 청중의 나이, 관심사, 배경에 맞춰 메시지를 현장감 있게 조정하도록 도움을 줄 수 있다. 청중의 성향에 맞춘 맞춤형 스피치를 준비하는 것은 현장에서 성공적 스피치 실행에 중요한 역할을 한다.

비언어적 소통 분석: AI는 스피커의 제스처, 표정, 시선 처리 등을 분석하여 발표자가 얼마나 효과적으로 청중과 소통하는지 피드백할 수 있다. 예를 들어, AI는 스피커가 적절한 눈 맞춤을 하고 있는지, 제스처가 과도하거나 부족하지 않은지 등을 조언할 수 있다. 이러한 분석은 스피커가 현장에서 청중과 더 강한 감정적 교감을 이루는 데 도움을 준다.

(2) 스피치의 즉시성과 AI

즉시성이란 화자가 청중의 실시간 반응을 고려하여 즉각적으로 스피치의 흐름을 조정하는 능력이다. AI는 스피커가 이러한 즉각적 상호작용을 연습하고 개선하는 데 실질적인 도움을 줄 수 있다.

실시간 반응 시뮬레이션: AI는 가상의 청중을 생성하여 스피커가 실시간으로 다양한 반응을 경험하도록 도울 수 있다. 가상 청중은 박수, 웃음, 집중도 저하 등 다양한 반응을 시뮬레이션할 수 있으며, 화자는 이러한 반응에 어떻게 대응할지 미리 연습할 수 있다. 이를 통해 발표자는 실제 상황에서 청중의 반응에 더욱 유연하게 대처할 수 있을 것이다.

즉흥 연습 도구: AI는 스피치 도중 예상치 못한 질문이나 주제 변경 상황을 시뮬레이션하여 화자가 즉흥적 대답을 연습하도록 도울 수도 있다. 이를 통해 화자는 예상치 못한 상황에서도 자연스럽게 스피치 흐름을 유지하고 대응할 능력을 기를 수 있을 것이다.

(3) 스피치의 일회성과 AI

일회성이란 시간과 공간의 제약을 전제로 모든 스피치는 일회적일 수밖에 없다는 특성으로 발표자는 한 번의 기회에서 최상의 능력을 발휘해야 한다. AI는 이러한 일회성의 긴장감을 극복하고 최상의 스피치를 제공하기 위한 다양한 도움을 제공할 수 있다.

발표 시뮬레이션 및 피드백: AI는 화자가 실제 스피치를 여러 번 시뮬레이션해볼 수 있는 환경을 제공해준다. AI는 화자의 발표를 녹음하고 분석하여 목소리의 톤, 속도, 억양, 내용의 일관성 등에 대한 피드백을 실시간으로 제공할 수 있다. 이러한 연습을 통해 스피치의 일회성에 대비한 완성도 높은 준비를 할 수 있을 것이다.

최적화된 스피치 원고 생성: AI는 스피치의 주제, 청중의 특성, 발표자의 개인적 스타일에 맞춰 최적화된 원고를 생성하거나 개선할 수 있다. 이 과정에서 AI는 효과적인 강조점이나 논리적 흐름을 제안함으로써 화자가 일회성의 기회에서 더 확실하고 강력한 메시지를 전달하도록 도움을 제공할 수 있다.

시간 관리 연습: AI는 스피치의 시간 관리를 돕는 도구로 활용될 수 있다. AI는 발표자가 시간 내에 모든 내용을 전달할 수 있도록 발표 시간을 모니터링하고 피드백을 제공함으로써 발표자가 한 번의 기회에 시간을 효과적으로 사용할 수 있도록 도울 수 있다.

결론적으로 말해서, 스피치만의 특성이라고 할 수 있는 현장성, 즉시성, 일회성이라는 특성을 최대한 고려하여 화자는 AI의 도움을 통해 실시간 상호작용 능력, 비언어적 소통 기술, 즉흥적 대응 능력, 스피치 내용의 최적화를 이끌어낼 수 있다. AI는 화자가 이러한 특성들을 미리 연습하고 개선하는 데 유용한 도구로 작용하여 실제 발표 현장에서 최고의 스피치 능력을 발휘하도록 지원할 수 있다.

3) AI를 활용한 관계성 중심 공적 말하기 이론 정립의 가능성

서양인과 달리 한국인은 말하기에서 대체로 논리성보다 관계성을 더 중요시할 때가 많다. 그러므로 관계성을 중심으로 공적 말하기 이론을 정립하는 것은 한국어를 모국어로 사용하는 언어공동체에서 반드시 필요한 과정이라고 생각한다. 한국의 집단 중시 문화와 의사소통적 특성을 반영하여 관계성 중심의 말하기가 스피치에서 중요한 역할을 하는 이론적 근거와 실증적 자료를 제시한다. 아울러 관계성의 개념을 구체화하고, 이를 뒷받침하는 문화적·사회적 근거를 토대로 AI를 활용한 이론적 정립 가능성을 타진해보기로 한다.

(1) 청중 중심의 말하기: '관계성 중심의 청중 분석'

스피치 이론에서 청중 분석은 공적 말하기의 필수 요소로 꼽는다. 그러나 한국의 의사소통 문화를 고려했을 때, 청중 분석은 단순히 청중의 연령, 성별, 직업을 분석하는 것을 넘어 청중과 화자 사이의 관계에까지 초점을 맞추는 것이 중요하다. 이는 한국의 집단 중시 성향에서 기인하는 것으로 관계와 맥락에 중점을 두는 사회에서는 청중과의 심리적 연결성이 성공적인 스피치의 핵심 요소가 되기 때문이다.

국가 간 문화 차이를 연구한 네덜란드의 사회심리학자이자 문화인류학자인 그리트 호프스테데(Greet Hofstede)의 『문화 차원 이론(Cultural Dimensions Theory)』에 따르면, 한국은 높은 집단주의적 성향을 보이며, 개인보다는 집단 내 관계를 중시하는 특징을 나타낸다. 이러한 문화적 배경을 가진 한국 사회에서는 공적 말하기에서도 관계의 질이 중요하며, 화자가 청중과 어떤 관계를 형성하고 있는지에 따라 스피치의 성공 여부가 달라질 수 있다. 따라서 한국형 스피치 이론에서는 청중 분석의 단계에서 청중과 화자의 사회적·정서적 관계를 분석하고 그에 맞춰 전략을 조정하는 것이 중요하다.

예를 들어, 한국에서 CEO가 직원들에게 스피치를 할 때, 단순히 회사의 비전을 제시하는 것뿐만 아니라, 정서적 유대감을 강조하며 직원들이 공동체의 일원임을 상기시켜야 한다는 것이다. 이를테면 "여러분은 저의 동료이자 이 회사의 소중한 자산입니다" 같은 표현을 통해 청중과의 관계성을 강조하는 말하기 전략을 사용하는 것이 효과적이라는 뜻이다.

(2) 조화와 공감을 중시한 구조화: '조화적 구조'

한국의 청중을 상대로 한국어로 이루어지는 스피치에서 중요한 요소는 조화를 이루는 말하기다. 논리적 설득이 주된 목표가 되는 서구식 스피치와 달리, 한국에서는 공감과 조화가 필수 요소다. 이는 갈등을 피하고 상대방의 감정을 존중하는 문화에서 기인한 것으로, 스피치 이론에서도 이를 반영하여 정서적 공감과 논리적 설득이 결합된 구조를 제시할 필요가 있다.

한국인의 대인관계에서 나타나는 특징 중 하나로 관계적 조화를 예로 들 수 있다. 한국 사회에서 대화는 갈등보다는 조화를 이루기 위한 수단으로 사용되며, 이러한 특성이 스피치에서도 중요한 요소로 작용한다. 스피치의 전개에서 논리적 구조를 유지하면서도 청중의 감정을 배려하고 공감대를 형성하는 것이 성공적인 스피치를 만들기 위한 핵심이라고 할 수 있다.

청중을 설득할 때 먼저 그들의 입장을 이해하고 있다는 메시지를 전달한 후, 논리적 근거를 제시하는 것이 한국형 스피치의 특성이다. 정책 발표 스피치에서 먼저 청중이 가질 수 있는 우려를 언급한 후, 이를 해결할 수 있는 구체적인 방안을 설명하는 방식으로 공감과 설득을 동시에 이루는 구조가 자주 사용되는 것이 그 예다.

(3) 맥락 중심의 의사소통: '간접적 전달 방식'

한국은 맥락 중심의 의사소통 사회로 분류된다. 이는 의사소통에서 많은 정보가 언어 외적인 맥락이나 전후 사정에 의존한다는 것을 의미한다. 한국의 스피치에서는 직접적인 주장보다는 간접적이고 완곡한 표현이 자주 사용되며, 이러한 표현 방식이 상대방과의 관계를 고려한 말하기 전략으로 자리 잡고 있다.

미국의 문화인류학자 에드워드 홀(Edward T. Hall)의 맥락 이론(Context Theory)에 따르면, 한국 같은 고맥락(High-Context) 사회에서는 의사소통이 언어 그 자체보다 상황, 관계, 그리고 비언어적 요소에 의해 결정된다. 이는 공적 말하기에서도 적용되며, 화자는 직접적인 주장보다는 청중이 메시지를 스스로 유추할 수 있도록 간접적 전달 방식을 주로 사용한다.

예를 들어, 어떤 회사가 경영난에 처해서 힘든 결정을 발표할 때, "우리 모두는 지금 여러 힘든 결정을 해야 하는 어려운 상황에 처해 있습니다" 같은 표현을 통해 간접적으로 상황을 설명하고, 청중이 자연스럽게 결정의 배경을 이해하도록 유도하는 방식이 자주 사용된다. 이는 상대방의 감정을 고려한 비판적 결론을 완충하는 효과가 있다.

(4) 존중과 예의: '사회적 관계에 따른 언어 사용'

한국형 스피치에서 중요한 또 다른 요소는 존중과 예의다. 특히 연령, 직위에 따라 적절한 언어를 선택하는 것은 스피치의 핵심적인 부분이 되기도 한다. 이는 전통적으로 한국 사회에서 연령과 지위가 중요한 사회적 요소로 작용해왔기 때문이다.

언어학자 브라운과 레빈슨(Penelope Brown/Stephen Levinson)의 체면 위협 행위(FTA, Face-Threatening Acts) 이론에 따르면, 사람들은 대화에서 자신의 체면을 유지하려고 노력하며, 특히 존경의 표현은 사회적 관계를 유지하는 데 중요한 역할을 한다. 한국에서의 스피치는 이러한 체면 유지의 개념을 바탕으로 하여 사회적 관계에 맞는 언어 사용을 필수 요소로 여긴다고 할 수 있다.

공적 말하기에서 나이가 많은 청중을 대상으로 할 때는 더욱 존경의 표현이 필요하며, 상급자에게는 더 격식 있는 언어를 사용해야 한다. 예를 들어, 직장 내 회의에서 "선배님의 말씀을 듣고 많은 것을 배

왔습니다" 같은 표현을 통해 상급자의 권위를 인정하면서도 공손함을
유지하는 표현이 흔히 사용된다.

(5) 감정과 정서의 중요성: '감정 기반의 스피치'

한국 사회에서는 논리적 설득뿐만 아니라 감정적 교감이 중요한
스피치 요소로 작용한다. 특히 청중의 정서적 반응을 고려하는 말하기
는 청중과의 유대감을 강화하는 중요한 방법이다.

영국의 인지심리학자인 존슨-레어드(Philip N. Johnson-Laird)의 감정
이론(Emotion Theory)에 따르면, 사람들은 감정을 통해 정보에 접근하고
결정을 내린다. 한국에서는 이러한 감정적 요소가 공적 말하기에서도
중요한 역할을 하며, 청중이 화자의 메시지에 감정적으로 반응할 수 있
는 정서적 연결이 강조된다.

예를 들어, 화자가 개인적인 이야기를 공유하면서 청중의 감정적
공감을 이끌어낼 수 있다. "저 또한 여러분처럼 같은 고민을 했습니다"
같은 표현을 통해 청중과 정서적 유대감을 형성한 후, 주장의 설득력을
높이는 방식이 자주 사용된다.

(6) 인간관계 유지와 갈등 회피: '관계 보존형 스피치'

한국에서는 관계를 해치지 않는 말하기를 중요하게 여긴다. 이는
갈등을 피하고 조화를 유지하려는 한국 사회의 문화적 특성에서 비롯
된다. 따라서 화자는 청중과의 관계를 고려한 부드러운 의견 제시 방식
을 사용하여 갈등을 최소화하려고 노력하게 된다.

문화커뮤니케이션 학자인 팅-투메이(Stella Ting-Toomey)의 체면 관리 이론(Face Negotiation Theory)에 따르면, 한국 같은 집단 중시 사회에서는 관계 유지와 갈등 회피가 의사소통의 중요한 요소로 작용하며, 이는 공적 말하기인 스피치에서도 마찬가지다. 비판적인 의견을 제시할 때 "이 점에서 조금 다른 생각이 있지만, 모두의 의견을 고려해보자면…" 같은 표현을 사용하여 상대방을 존중하면서도 비판적 의견을 제시하는 방식을 사용한다. 이는 상대방과의 관계를 유지하면서 자신의 의견을 교환하는 방법으로, 한국의 말하기 문화에서 갈등을 회피하고 협력적인 분위기를 유지하는 완충적인 언어 사용에 해당한다. 이러한 말하기 방식은 상대방과의 관계를 손상시키지 않으면서도 자신의 의견을 명확하게 전달할 방법을 제공하므로 스피치 이론에서는 갈등 회피형 말하기 전략이라고 정리할 수 있다.

공적 스피치에서 이러한 갈등 회피형 말하기는 대립적인 주제를 다룰 때 더욱 중요하게 작용할 수 있다. 예를 들어, 정책 변화 같은 논쟁적인 주제를 발표할 때, "이 정책이 모든 문제를 해결할 수는 없지만, 우리 모두 함께 해결해나갈 수 있는 좋은 출발점이라고 생각합니다" 같은 표현을 사용하여 갈등을 최소화하고 청중의 협력적인 반응을 유도할 수 있다. 이는 청중과의 관계를 해치지 않으면서도 설득적인 메시지를 전달하는 데 효과적인 방법이다.

(7) 상호 소통 강화: '양방향 스피치'

관계성을 중시하는 한국의 문화는 상호 소통을 중요하게 여긴다. 이는 스피치에서도 일방적인 메시지 전달보다는 청중과의 상호작용을 중시하는 말하기 형태로 이어진다. 한국의 스피치는 서구식의 연설처럼 단순한 정보 전달이 아니라, 청중과의 소통과 피드백을 기반으로 관계를 형성하는 특징을 가진다.

러시아의 심리학자이자 교육학자인 비고츠키(Lev Vygotsky)의 사회적 상호작용 이론(Socail Interaction Theory)에 따르면, 인간의 의사소통은 사회적 상호작용을 통해 형성되고 발전한다. 한국의 공적 스피치에서 상호작용적 요소는 중요한 위치를 차지하며, 청중의 반응을 반영하거나 질문을 통해 청중과의 관계를 강화하는 것이 스피치의 중요한 기법으로 사용된다.

공적 스피치에서 청중의 의견을 묻거나, 청중이 쉽게 공감할 수 있는 질문을 던짐으로써 스피커와 청중 사이의 관계를 강화할 수 있다. 예를 들어, "여러분도 비슷한 경험을 하셨을 텐데, 그때 어떤 생각을 하셨나요?" 같은 질문을 통해 청중이 스피치에 능동적으로 참여하도록 유도할 수 있다. 이를 통해 스피치는 단순한 정보 전달을 넘어, 청중과의 상호 교류를 통한 관계 구축의 수단으로 기능하게 된다.

(8) 문화적 상징성과 비유의 활용: '간접적 스피치'

한국의 말하기 문화는 비유와 상징성을 자주 사용하여 메시지를 전달한다. 이는 맥락 중심 사회에서 주로 사용하는 방법으로, 직설적인 표현보다는 간접적으로 중요한 메시지를 전달함으로써 상대방이 스스로 결론을 내리도록 유도하는 방식이다. 이러한 방식은 암묵적인 의미를 중시하는 한국의 관계성 중심 문화와 잘 맞아떨어지며, 스피치 이론에서 중요한 기법으로 통합될 수 있다.

미국의 예술철학자이자 기호론자인 랭어(Susanne K. Langer)의 기호론(Theory of Symbols)에 따르면, 인간은 상징을 통해 복잡한 개념을 더 쉽게 이해하고 기억한다. 한국어로 이루어지는 스피치에서도 비유적 표현과 상징적 언어는 중요한 메시지를 전달하는 데 효과적이며, 이를 통해 청중과의 관계적 연결을 더욱 깊게 할 수 있다.

한국의 스피치에서 자주 사용되는 방식 중 하나는 비유적 이야기를 통해 청중이 스스로 결론을 도출하게 하는 것이다. 예를 들어, 비즈니스 환경에서의 어려움을 논의할 때, "큰 배가 폭풍을 만나듯이 우리 회사도 현재 큰 도전을 맞이하고 있습니다. 하지만 폭풍을 헤치고 나가면 평온한 바다가 우리를 기다릴 것입니다" 같은 비유를 통해 청중에게 메시지를 간접적으로 전달하는 방식이 자주 사용된다.

(9) 화자의 역할 강조: '조정자형 스피커'

관계성을 중시하는 한국에서는 스피커가 단순한 정보 전달자라기보다는 관계의 조정자 역할을 해야 한다. 스피커는 청중 사이에서 협력적 분위기를 조성하고, 의견을 조율하며, 갈등을 완화하는 역할을 맡게 된다. 이는 공적 말하기인 스피치에서 화자의 역할이 청중과의 관계를 중심으로 이루어짐을 의미하는 것이다.

캐나다 출신의 사회학자인 고프만(Erving Goffman)의 연극적 상호작용 이론(Dramaturgical Theory)에 따르면, 사회적 상호작용에서 사람들은 역할을 수행하며 상호작용을 통해 자신의 이미지를 관리한다. 한국의 스피치에서 화자는 자신이 말하는 내용뿐만 아니라 청중과의 관계를 관리하고, 청중이 서로 연결될 수 있도록 돕는 조정자의 역할을 맡는다.

화자가 청중 간의 의견 차이를 조정하는 역할을 할 때, "우리 모두 조금씩 다른 관점을 가지고 있을 수 있지만, 이 자리를 통해 서로의 의견을 존중하고 함께 나아가야 합니다" 같은 말로 갈등을 완화하고 협력적 대화를 유도하는 것이 좋은 예다. 이러한 방식은 청중과의 관계를 더욱 강화하면서도 스피치의 목적을 효과적으로 달성하는 방법이라고 할 수 있다.

지금까지 살펴본 바와 같이 '관계성'이라는 개념은 한국어 스피치에서 핵심적인 요소로 간주될 수 있다고 보며, 이를 체계적으로 정립하기 위해서는 청중과의 관계를 중심으로 한 의사소통 방식, 간접적 메시지 전달, 공감과 조화를 중시하는 말하기 그리고 존중과 예의의 중요성을 함께 고려해야 한다. 또한 비유적 표현과 상징성을 통해 간접적으로 메시지를 전달하는 방식, 그리고 화자가 조정자 역할을 수행하는 구조를 포함함으로써 한국의 고유한 문화적 특성을 반영한 관계성 중심의 스피치 이론을 정립할 수 있을 것이다. 이러한 이론은 한국인의 집단 중시 및 관계 중심적 특성을 기반으로 하여 사회적 조화와 상호작용을 강조하는 한국어 스피치 모델을 형성할 수 있다고 본다.

4) AI를 활용한 공적 말하기 '객관성의 주관화' 이론 제안

정보 제공 스피치는 발표자가 청중에게 객관적인 정보를 전달하는 것을 목적으로 하지만, 단순한 정보 나열에서 벗어나 청중에게 의미 있는 메시지를 전달하는 것이 중요하다. 특히, 정보 제공 스피치에서 발표자가 정보를 단순히 제시하는 것을 넘어, 자신의 관점에서 주관화하여 청중에게 전달하는 과정은 스피치의 설득력과 깊이를 결정짓는 중요한 요소다. 이를 '객관성의 주관화'라고 정의할 수 있으며, 이 개념은 발표자와 발표 주제 간의 관계성을 형성하고, 궁극적으로 한국어 스피치의 특성상 청중을 설득하는 효과적인 방식과 밀접한 관련이 있다.

(1) 객관성의 주관화: 정의

'주관성의 객관화'가 중요시되는 자기소개 스피치의 경우와 달리, 정보 제공 스피치의 경우는 '객관성의 주관화'라는 개념이 핵심이다. 즉 객관성의 주관화란 객관적인 정보나 사실을 발표자가 자신의 관점, 경험, 가치관을 통해 재해석·재구성하여 청중에게 전달하는 과정을 의미한다. 다시 말해 정보 자체는 객관적이어서 누구나 접근할 수 있지만, 발표자가 그 정보를 어떻게 개인적이고 고유한 시각으로 풀어내고 의도적인 메시지로 담아내느냐가 청중에게 더 큰 설득력과 영향력을 미친다는 것을 함축한 개념이다.

정보 제공 스피치는 발표자가 청중에게 객관적인 사실을 전달할 의무가 있지만, 단순한 정보 전달만으로는 청중의 관심을 끌거나 그들의 이해를 깊이 있게 이끌 수는 없다. 이때 발표자의 개인적 해석과 시각을 반영한 주관적 해석이 결합되면서 객관적 정보가 발표자의 고유한 메시지로 재탄생하게 되고, 청중은 이를 발표자 고유의 스피치로 수용하게 된다. 정보 제공 스피치에서 '객관성의 주관화'는 객관적 정보를 발표자의 관점에서 재구성하여 의도적 메시지를 선명하게 드러나도록 하는 핵심 메커니즘으로 작용한다.

(2) 학술적 배경: 구체성과 관점의 중요성

이 개념은 구체성과 관점이라는 학술적 이론에서 근거를 찾을 수 있다. 월터 피셔(Walter Fisher)의 내러티브 패러다임(Narrative Paradigm) 이론에 따르면, 인간은 정보를 단순히 합리적 데이터로만 받아들이지 않고, 스토리와 경험적 의미를 통해 더 쉽게 이해하고 기억한다. 발표자가 객관적인 정보를 제시할 때, 이를 자신의 경험과 관점에서 스토리화하고 구체적인 사례로 연결하는 것은 청중의 관심을 이끌어내고 정보를 더 효과적으로 전달하게 된다.

또한, 스피치 이론가인 케네스 버크(Kenneth Burke)의 동일시 이론(Identification Theory)에 따르면, 청중과 발표자가 정보를 통해 동일시될 때 설득력이 증대된다. 즉, 발표자가 객관적인 정보를 자신의 주관적 시각을 통해 풀어내면, 청중은 발표자와 정서적으로 연결된다는 느낌을 받게 되고 발표자와 청중이 공감대가 형성되면서 설득력과 전달력이 강화된다.

(3) 한국어 스피치와 '객관성의 주관화'

특히 한국어 스피치에서 객관성의 주관화는 더욱 중요하다고 본다. 서구 문화에 비해 한국 문화는 관계 중심적인 특성이 더 강해서 발표자와 청중 간의 관계성과 사회적 맥락이 설득의 중요한 요소로 작용한다. 발표자가 단순히 객관적인 정보를 나열하는 것은 청중에게 거리감을 줄 수 있지만, 정보를 자신의 시각으로 해석하여 사회적 의미나 개인적 경험과 연결할 경우, 청중은 발표자가 주제를 어떻게 느끼고 생각하고 경험했는지를 통해 더 집중하게 된다.

한국어 스피치에서는 청중이 발표자의 진정성과 관계적 신뢰를 중시하기 때문에 발표자가 객관적인 정보를 주관적으로 해석하여 전달하는 방식은 청중의 공감을 이끌어내는 데 효과적이다. 특히 한국 사회에서는 개인의 의견보다는 집단적 맥락과 공동체의 가치가 중시되기에 발표자가 이러한 집단적 가치와 개인적 경험을 결합하여 정보를 제공하면 청중은 더 큰 울림을 받게 된다.

(4) 교육적 차원에서의 중요성

정보 제공 스피치에서 '객관성의 주관화'를 교육적 차원에서 강조하는 이유는 비판적 사고 능력과 자기 표현력을 동시에 길러줄 수 있기 때문이다. 학생들이 단순히 정보를 나열하는 것이 아니라, 이를 분석하고 자기 생각으로 재구성하는 과정은 비판적 사고를 촉진한다. 자신의 관점을 투영한 해석을 통해 정보를 주관화하는 능력은 학생들이 자신의 목소리를 찾고, 이를 통해 설득력 있는 스피치 능력을 기르는 데 매우 중요하다.

특히 학생들이 단순한 주관화가 아니라 객관적 사실에 기반한 주관적 해석을 할 수 있도록 지도하는 과정에서 AI를 활용하여 객관적인 정보를 분석하고 다양한 관점에서 접근하는 연습을 하도록 권장할 수 있으며, 이를 통해 자신의 시각을 개발하도록 도울 수 있다.

5) AI를 활용한 공적 말하기 '객관성의 주관화' 사례

(1) 객관적 정보의 수집과 분석

발표자가 객관적인 정보를 찾고 이를 주관화하기 위해서는 신뢰할 수 있는 출처에서 정보를 정확하게 수집하고 분석하는 것이 우선이다. 이 과정에서 생성형 AI는 다음과 같은 방식으로 활용될 수 있다.

AI를 활용해 주제와 관련된 최신 자료를 신속하게 검색하고, 방대한 정보를 요약해 제공받을 수 있다. AI는 특정 주제에 대한 다양한 관점과 관련 데이터를 종합하여 발표자가 객관적이고 사실에 기반한 정보를 수집하는 데 기여할 수 있다.

또한 AI는 수집된 정보를 분석하고 비교하는 과정을 도울 수 있다. 예를 들어, 발표자 다루려는 정보가 다방면에서 어떤 의미를 가지는지, 통계적 데이터를 어떻게 해석할 수 있는지 등에 대한 기초적인 분석을 제시함으로써 발표자가 자신의 해석을 더 정교하게 구성할 수 있다.

(2) 주관적 관점 개발을 위한 지원

아이디어 브레인스토밍에서부터 AI의 도움을 받을 수 있다. 발표자는 AI가 수집한 정보를 바탕으로 다양한 관점을 제시하거나 주관적 해석의 방향을 설정할 수 있다. 또는 반대로 주제에 어떻게 더 창의적이고 개성 있게 접근할 수 있을지, 어떠한 측면에서 주관적인 시각을 강조할 수 있을지에 대한 아이디어를 AI로부터 제공받을 수도 있다.

발표자가 작성한 스피치 원고를 AI에게 제출하면, 그 원고에 대한 피드백을 제공하고, 정보가 얼마나 명확하게 전달되는지, 주관적인 해석이 충분히 이루어졌는지에 대한 조언을 AI로부터 받을 수 있다. 특히, 객관적인 정보와 주관적인 해석 간의 연결성을 강화하는 방법에 대한 제안도 가능할 것이다.

(3) 구체적 사례 및 스토리텔링 강화

발표자는 객관성을 주관화하는 과정에서 구체적 사례와 스토리텔링을 통해 청중에게 더 효과적으로 정보를 전달할 수 있다. AI는 이러한 스토리텔링을 강화하는 데 유용할 것이다.

AI는 특정 주제와 관련된 구체적 사례나 사례 연구를 제공해주는 데 탁월하다. 따라서 발표자가 자신의 주관적 해석을 더 생생하게 전달할 수 있도록 도움을 받을 수 있다. 예를 들어, AI는 발표 주제에 맞는 발표자의 실제 경험이나 역사적 사건을 제안해줄 수 있으며, 이를 바탕으로 발표자는 풍부한 스토리텔링을 내용에 담을 수 있다.

AI는 발표자가 스피치에서 사용할 수 있는 스토리텔링 구조도 제안해줄 수 있다. 어떤 방식으로 이야기를 시작하고 전개하며 결론을 내릴지에 대해 다양한 시나리오를 제공받을 수 있다. 결론적으로 발표자는 AI의 도움으로 자신만의 스타일을 찾을 수 있게 될 것이다.

(4) 청중 맞춤형 주관화 전략

객관적 정보를 주관화하는 과정에서 발표자는 청중과의 관계를 고려해야 한다. AI는 청중 분석과 맞춤형 스피치 전략을 제공하여 발표자가 자신의 주관적 해석을 더 효과적으로 전달하도록 지원할 수 있다.

AI는 청중의 특성(연령층, 관심 분야, 문화적 배경 등)을 분석하여 발표자가 해당 청중에게 적합한 방식으로 정보를 주관화할 수 있도록 도와준다. 예를 들어, 청중이 더 잘 이해할 수 있는 비유나 사례를 AI로부터 추천받아 발표자가 청중의 공감을 얻을 수 있는 주관적 해석을 제공받을 수 있다.

또한 AI는 가상의 청중을 설정하고, 그들이 발표자의 스피치에 어떻게 반응할지 예측할 수도 있다. 이를 통해 발표자는 자신의 정보 해석이 청중에게 어떻게 전달될지를 미리 연습할 수 있으며, 발표의 주관적 요소를 효과적으로 조정할 수 있게 된다.

(5) 발표 연습과 실시간 피드백

정보 제공 스피치에서 '객관성의 주관화'를 실현하기 위해서는 당연히 발표 연습 과정이 필수다. AI는 이 과정에서 실시간 피드백과 반복 학습을 통해 발표자의 능력을 더욱 향상시켜줄 수 있다.

AI는 발표자의 목소리 톤, 속도, 억양뿐만 아니라 주관적 해석 내용의 전달력에 대한 실시간 피드백을 제공해줄 수 있다. 발표자가 주관적인 해석을 강조해야 할 부분이나, 청중의 반응을 끌어낼 수 있는 요소를 더 강화해줄 수 있다.

아울러 AI는 가상의 청중을 설정하여 발표자가 여러 번의 연습을 통해 스피치 능력을 개선할 수 있도록 도울 수 있다. 특히, 주관적 해석 내용을 강화하는 부분에서 AI는 발표자가 강점으로 삼을 수 있는 부분에 대해 피드백을 해줄 수 있다.

이와 같이 정보 제공 스피치의 핵심 요소인 '객관성의 주관화'라는 개념을 잘 살리기 위해 발표 준비 단계에서 AI를 다양하게 활용할 수 있다. 발표자가 원하는 객관적 정보의 수집과 분석을 지원해주고, 발표자의 주관적 관점을 발전시키며, 발표자가 이를 효과적으로 청중에게 전달할 수 있도록 도울 수 있다. 또한, 구체적 사례와 스토리텔링을 강화하고, 청중 맞춤형 스피치를 구성하며, 발표 연습 단계에서도 실시간 피드백을 제공함으로써 정보 제공 스피치에서 발표자가 '객관성의 주관화'를 성공적으로 구현할 수 있도록 전방위적으로 활용할 수 있다.

3
공적 말하기 교육에서
AI 활용에 대한 전망

생성형 인공지능 기술의 급속한 발전은 교육을 바라보는 방식을 총체적으로 바꾸어놓고 있다. 특히 글쓰기 교육 분야뿐만 아니라 말하기 교육 분야에서도 AI는 그 잠재력을 드러내며 점차 중요한 존재(?)로 자리 잡아갈 것이 분명하다. 그동안 담당교수나 전문가의 피드백이 필요했던 영역을 AI가 대신해도 충분한 시대가 온 것이다. 이와 같은 기술의 발전이 더욱 가속화된다면 AI가 가져다줄 앞으로의 변화는 과연 어떠할 것인가? 그리고 그러한 변화 속에서 말하기 교육은 과연 어떠한 방식으로 이루어져야 할 것인가?

우선, AI는 말하기 교육의 핵심 도구로 자리 잡을 가능성이 크다. 이미 AI는 다양한 플랫폼을 통해 학생들이 자신만의 스피치 콘텐츠를 생성하고, 이를 분석하여 발전시킬 수 있도록 하는 데 큰 도움을 주고 있다. 발음과 억양, 문법을 분석하고, 실시간으로 피드백을 제공함으로써 스스로 스피치 역량을 개선할 수 있는 환경이 조성되었다. 예전에는 담당교수 한 명이 각각의 학생을 상대로 개별적인 피드백을 제공하기 어려웠으나, 이제 그 과제를 AI가 대신 해결해주는 시대가 온 것이다. 그러므로 과거에 비해 학생들은 AI를 통해 스스로 학습의 효율성을 높이고, 담당교수는 전문적이고 수준 높은 차원에서 더 깊이 있는 교육을 펼칠 수 있는 시간을 확보할 수 있게 되었다.

AI의 발전은 자연스럽게 교육의 본질에도 영향을 미칠 것이다. 전통적으로 교수자는 학생들에게 지식을 전달하는 중심적 역할을 해왔지만 이제 그 역할이 변하고 있다. 교수자는 더욱 심오한 통찰력으로 AI가 제공하지 못하는 지식과 지혜의 빈틈을 메우는 고도의 전문가 역할로 위상이 재정립될 것이다. 즉, 학생들은 AI의 피드백을 통해 자율적으로 학습할 수 있는 능력을 강화하고, 교수자는 학생들이 그 과정에서 마주치는 더 복잡한 문제를 해결하거나 창의적 사고를 도울 수 있다. 이렇게 학생과 교수자 그리고 AI가 협력하는 방식은 한층 업그레이드된 말하기 교육의 새로운 장을 열어줄 것이라고 생각한다.

교육자와 AI의 공존적 관계 설정은 피할 수 없는 현실적 과제가 되었다. AI의 기술적 진보가 아무리 혁신적이라고 해도 인간 교육자의 역할을 완전히 대체할 수는 없다는 점에서, 결국 교육자와 AI는 상호보완적 관계에 놓일 수밖에 없을 것이다. AI는 객관적이고 반복적인 피드백을 제공함으로써 교육자의 부담을 덜어주는 역할을, 교육자는 여전히 피교육자에 대한 감정적 지지와 창의적인 동기 부여 그리고 복잡한 논리적·추론적 문제해결에서 중요한 역할을 계속하게 될 것이다. 이제 교육자와 AI가 함께 만들어나가는 새로운 교육 환경은 공적 말하기 교육에서 과거보다 훨씬 더 효과적이고 개인화된 학습 경험의 제공이라는 긍정적인 결과로 나타나게 될 것이다.

AI
스.
토.
리.

AI를 활용해본 〈스피치와 토론〉 교수들의 리포트

AI와 〈스피치와 토론〉의 조응:

디지털 시대 소통과 교육의 새로운 지평

전영란

1
AI와
첫 만남

미디어생태학은 커뮤니케이션 양식으로서 미디어 환경이 인간의 삶과 경험, 조건을 어떻게 변화시키는지 탐구한다. 미디어는 메시지를 전달하는 단순한 도구를 넘어 인간의 환경으로 작동한다는 전제로 미디어와 인간의 상호관계를 분석한다. 미디어생태학자인 월터 옹(Walter Ong)은 말과 미디어 문화의 관계를 통시적으로 살펴보면서, 인간의 기본 커뮤니케이션 양식을 구술성, 문자성, 제2의 구술성의 세 가지로 구분한다.

첫째, 구술문화의 메시지는 말로 전달되므로 장황하게 설명하거나 다변적이고 추상성이 결여되기도 한다. 전달되는 내용은 생활세계에 밀착되며 상대를 설득해야 하므로 논쟁적인 어조가 강하며, 감정이입이 빈번하다. 전달자가 누구인가에 따라 구전효과와 설득의 차이가 있으며, 암기에 의존하므로 메시지의 운율과 반복이 강조된다. 기억의 전승이 중요하므로 보수적이고 전통적이다. 같은 공간과 시간에서 이루어지는 현재성과 동시성의 강화로 상황의존성이 높으며, 참여적이며 공동체에 의존적이다.

둘째, 문자성은 인쇄매체인 책 중심의 소통기제로 언어를 공간에 고정시킨다. 동일한 메시지가 기록되면서 지식의 축적과 보존이 용이해지며 역사성을 획득한다. 저자와 독자의 분리로 비동시적인 소통이 가능하며, 인간의 합리성과 이성이 강화된다. 시각 중심의 선형성 중심의 사고, 분석적이고 추상적인 사고가 가능하다. 개인적이고 독립적인 학습이 가능하다. 인쇄술의 발달로 정보의 독점성은 와해되고, 정보가 널리 전달되면서 지식의 보편성과 시민사회의 태동을 불러온다.

셋째, 제2의 구술성은 전자미디어 시대의 텔레비전과 라디오 중심의 기술화 특성을 강조한다. 전자미디어는 말하기를 다시 일깨웠으며, 문자, 영상, 기호 같은 이미지와 말이 동시에 작용한다. 문자의 선형성은 파괴되고 공간성을 획득한다. 정보는 익명의 다수인 대중에게 동시에 일방적으로 전달되면서 즉각성과 현장성을 회복한다. 동시성은 확보했으나 현장성과 참여성은 유보되고, 대중의 지연된 피드백이 존재한다. 불특정 다수에게 전달되는 메시지는 보편성과 일반성을 지니고 여론이 형성된다.

사회학자 매클루언(Marshall McLuhan)은 저서 『인간의 확장(Extension of Human)』을 통해 "미디어(medium, 매개체)는 인간의 감각을 확장한다"고 주장한다. 옷은 피부의 확장이며, 자동차는 다리의 확장이다. 말(horse)은 인간 삶의 영역을 30km, 자동차는 100km 반경으로 확장시켰다. 미디어의 제한된 감각은 매체가 구현할 수 있는 방식의 차이에 머무르지 않고 인간의 이해, 판단, 의식 형성에 영향을 끼친다. 쓰기문화는 시각, 영상문화는 시청각을 주요 감각화한다. 시공간의 유연성이 가능한 디지털 시대 미디어는 인간의 영역을 지구촌(global village)으로 확장시킨다. 감각은 공감각, 시각, 청각, 촉각으로 다양하게 넓혀준다.

　이동후 등은 디지털 기술과 인터넷의 발달로 인한 제3의 구술성을 주장한다. 제3의 구술성은 구술성, 문자성, 제2의 구술성의 특징을 모두 포괄하는 복합적인 성격을 지닌다. 특히, 구어와 문자가 더욱 밀접하게 융합을 이루고, 비격식의 문어체 확산과 구어체적 특성을 가진 문자 또는 음성으로 표현되는 경우가 증가한다. 구어와 문어의 경계가 모호해지며 하이퍼텍스트 형태로 존재한다. 비선형적 읽기가 가능해져 구술문화의 맥락의존성이 강화되고, 텍스트에 대한 즉각적인 반응과 대화가 가능하다. 텍스트, 이미지, 음성, 영상 등 다양한 미디어 형식이 결합하면서 다중 감각의 경험을 가능하게 하며, 풍부한 커뮤니케이션 경험을 제공한다. 실시간 소통과 비동기적 소통이 공존하며, 물리적 현존 없이도 나와 너의 상호작용이 가능하다. 동시성과 비동시성의 소통과 다중 자아의 모습으로 실재와 가상공간의 현존이 가능하다.

　AI 시대 미디어 또한 다양한 방식으로 구현되고 있다. OpenAI의 LLM모델을 비롯한 AI 양식은 지속적으로 업그레이드되어 PC나 스마트폰에 녹아들었고, 안경, 신체 일부, 홀로그램, 로봇 또는 휴머노이드 등 다양한 시도가 이루어지고 있다. 인간의 요구를 반영한 AI 융합 기제들은 새로운 차원의 유용성을 제시하고 있다. AI 시대는 인간의 이해와 인식, 판단과 해석, 추론과 사유의 과정에 영향을 끼칠 것이며, 인간과 비인간-휴머노이드의 대화와 소통, 관계의 밀도가 높아지리라 예측할 수 있다.

　AI 시대의 서막은 이세돌과 알파고의 대결로 알려졌으나 현실로 인식하는 데 한계가 있었다. 다양하고 복잡한 분야를 아우르는 AI 출현은 상당한 시일이 필요하리라는 예상이었다. 인간의 감정·판단·추론 영역은 수치화 또는 대량의 데이터 학습으로 도달하기 어려운 영역으로 여겨졌고, 이후에 출시된 AI들도 여러 오류와 문제점을 노정하면서 느린 걸음으로 횡보하는 듯했다. 〈스피치와 토론〉 과목은 비판적 사고와 합리적 판단, 설득의 복잡한 요소들, 언어와 말을 다루기에 AI는 역부족이라는 생각이었다.

OpenAI가 ChatGPT를 세상에 내놓으면서 관심이 집중되었다. 질문을 통해 궁금했던 내용을 해소하는 과정은 무척 흥미로웠다. 질문을 제기하면 잠시의 생각을 거친 듯 깜박이던 커서는 이내 답변을 내놓는다. 이전의 지난한 과정을 일순간 해결해주었다. 어떤 질문을 어떻게 제시하는가 하는 '질문'의 중요성이 부각되었으며, 질문에 따라 그저 그런 답변을 받거나 심도 있는 답변에 도달할 수 있었다. 물론 사실 여부의 정확성, 신뢰성, 정보의 수준 등 여전히 한계는 있으나 점차 그 간극은 좁혀질 것이다.

미국작가조합(WGA)은 2023년 5월 파업에 돌입하면서, AI가 작가의 작업을 대체하지 못하도록 작가의 고유한 권리 보호와 임금인상을 요구했다. 여러 달에 걸친 파업 결과 작가에게 AI 사용을 강제할 수 없으며, 작가의 의도에 따라 선택적으로 활용할 수 있도록 했다. AI가 생성한 자료는 원본으로 간주되지 않으며, AI로 기초 대본을 작성할 수 있으나 작가가 수정할 수 있고, 작가의 창작과정을 지원해야 한다는 합의에 이르렀다.

생성형 AI는 당연히 인간보다 더 뛰어나기를 원하고 놀라운 속도로 근접해가고 있다. 인간 수준으로 학습하는 한계를 넘어서서 AI의 수준으로 학습하고 판단하는 AGI(Artificial General Intelligence)를 지향한다. ChatGPT도 나날이 놀라운 결과물을 제시하니 미래는 어떤 세상이 펼쳐질까 하는 기대감으로 연결된다. ChatGPT를 활용하는 대학생의 학습 성취 역량 조사에 따르면 기존의 학습 정보 취득과 성취가 2배 이상으로 높아졌으며, 학생마다 각기 특화된 에이전시(agency)를 갖춘 것과 같은 효과가 있다는 결과가 제시되었다. AI 활용이 능숙한 기업의 중간 간부의 경우 본인의 기존 역량을 20-30배 향상시킬 수 있으며, 추후 AI 활용에 따라 기업 수준의 역량을 갖출 것이라 예측한다. AI는 인간의 인지능력과 관련된 영역을 대체하면서 논리, 계산, 전략적 판단의 영역에서 인간을 뛰어넘을 가능성을 보이고 있다.

토마스 쿤은 『과학혁명의 구조』를 통해 현대의 보편적인 일반 과학은 사실, 상식, 진리로 받아들여지는데, 어떤 시점에 혁명적인 혁신(shift)이 일어나 변화를 추동하고 그 혁신이 당대의 일반 과학으로 자리매김한다고 주장한다. AI 시대에 대학의 교양교육 패러다임은 어떻게 변화해야 하는지 깊은 성찰이 필요하며, 현재 다양한 논의가 이루어지고 있다. 김주환은 미래의 교육은 인지능력의 향상에서 벗어나 비인지능력의 향상으로 전환해야 한다고 주장한다. 즉, 미래의 인재에게 필요한 역량은 공감력, 도덕성, 소통 능력, 문제해결력, 창의성, 시민의식, 협동력이라고 제안한다.

필자는 성균관대학교 의사소통 영역에서 〈스피치와 토론〉 과목을 다년간 담당한 교수자로서 AI 경험과 AI 전망을 주제로 논의하고자 한다. 먼저 'AI 경험'에서는 과목의 운영 목적과 방향을 토대로 자기소개 스피치, 정보 제공/설득 스피치, 토론의 세 부분으로 나누어 AI 활용을 살펴보고자 한다. 둘째, 'AI 전망'은 학생들이 학업 과정에서 AI를 도구나 협업 그리고 대체재로 적극 활용한다는 전제하에 생성형 AI 시대의 〈스피치와 토론〉 수업의 시사점을 제언하고자 한다.

2
AI 경험

〈스피치와 토론〉 수업 과정은 크게 이론 수업과 실습이 선형적인 구조를 이루어 진행된다. 이론 부분은 교수자의 주도로 핵심 개념과 특성 그리고 활용 방안을 중심으로 설명하고, 수강생은 자기소개 스피치, 정보 제공/설득 스피치, 토론의 세 부분에 참여한다. 수강생은 각각의 스피치 주제에 부합한 원고를 작성하여 발표하고 교수자의 제언과 동료들의 평가를 받는다. 토론 논제는 수강생이 스스로 논의하여 발의하고, 찬성팀과 반대팀으로 나뉘어 CEDA 방식으로 참여한다. 청중은 시민 논객으로 참여하여 질문할 수 있으며, 토론 분석 기준에 따라 토론의 승패를 결정한다.

1) 스피치의 요건

좋은 스피치의 요건은 인격(integrity), 지식(knowledge), 태도(attitudes), 기법(skills), 자신감(self-confidence)의 다섯 가지로 나눌 수 있다. 인격은 연사/발화자의 품성과 인간 됨됨이를 뜻하며, 따뜻함과 친근함, 호감을 나타낸다. 지식은 경험, 정보의 정도, 능력과 공신력을 나타낸다. 공신력은 신뢰감, 능력, 인격, 에너지 등을 포괄하는 개념이다. 태도는 주장의 방향, 적극성, 지식의 넓이, 청중을 계도할 수 있는 열정을 내포한다. 기법은 언어적인 멋진 표현이나 스피치를 준비하고 실행하는 전 과정을 나타낸다. 자신감은 자기 자신을 믿는 정도다. 스피치에서의 자신감은 충분한 준비와 연습을 통해 구현할 수 있다.

키케로(Cicero)와 아리스토텔레스(Aristotle)에 따르면 스피치 과정은 아이디어 고안(invention), 논리적 조직(organization), 표현양식(style), 암기(memory), 감동적 발표(delivery)의 다섯 단계로 이루어진다. 좋은 스피치의 다섯 가지 요건과 스피치 과정의 다섯 가지 요인은 상호보완적이며 관련성이 높다. 성공적인 발표를 위해 단계마다 준비와 연습을 필요로 한다.

AI와의 협업을 통해 좋은 스피치가 될 수 있도록 효용성을 높일 수 있다. 특히 지식, 태도, 기법 등에서 실질적인 도움을 받을 수 있다. 스피치의 다섯 단계 과정에서 AI와의 협업 또한 가능하다. AI를 통해 아이디어 발상, 즉 발표 주제를 탐색할 수 있으며, 주제에 관한 심도 있는 정보와 지식을 보강한다. 특정 주제에 관한 여러 관점의 의견을 제시함으로써 다양성을 확보한다. 제시된 내용을 구체화·체계화하여 논리적인 구조화가 가능하다. 자연스럽게 발표할 내용의 이해와 숙지,

청중에 대한 이해와 설득할 수 있는 방안을 모색하는 데 도움이 된다.

2) 자기소개 스피치

(1) 나는 누구인가

　자기소개 스피치는 '나는 누구인가'에 대해 스스로 해명하는 시간이다. 자신이 살아온 과정에 대한 기록이자 의미와 관계를 성찰해보는 매듭이기도 하다. 자신이 누구인지 알리는 자리이면서 스스로에게 확언하고 선언하는 자리이기도 하다. 자기의 생각이나 감정, 의도를 스스로 알아차리는 과정이다. '말한다'는 것은 상대에게 메시지를 들려주면서 이해시키고 설득하며 동의를 구하는 행위임과 동시에 스스로에게 '나는 이런 사람이야'라고 이해, 설득, 동의를 구하는 발화 행위이기도 하다.

　김주환의 『내면소통』에 따르면 자아는 기억 자아(memory self), 경험 자아(figure self), 배경 자아(background self)의 세 부분으로 나뉜다. 기억 자아는 일화 기억(episodic memory)으로서, 내가 경험한 일부가 축적된 결과이며, 경험에 대해 끊임없이 만들어내는 이야기다. 우리의 의식에 드러나는 자아, 즉 다른 사람들에게 드러나는 자아는 '하나의 이야기(story telling) 덩어리'이자 '내가 나에게 한 이야기들의 집적물'이기도 하다. 스스로의 변화는 이야기 덩어리를 다르게 바라보고 의미 지을 때 가능하다. 드러나는 자아 뒤에서 항상 나를 지켜보고 있는 변화되지 않는 자아가 배경 자아다. 배경 자아는 영화관 스크린처럼 화면에 수많은 영상이 스쳐가지만 하얀 스크린 자체는 변화되지 않듯이 변화되지 않는 존재 그 자체다. 배경 자아를 '알아차리기(awareness)' 위해 심도 깊은 연습과 훈련이 필요하다.

'나는 누구인가'라는 질문에 해명하는 과정에서 우리는 동시대의 사회문화 차원의 영향을 받는다. 스스로의 정체성 수립에 어떤 하위 집단에 소속되어 있는가가 중요한 요소가 되기도 한다. 일반적으로 자기소개를 하면서 소속 집단(학교명), 전공, 학년(나이), 이름을 밝히는 경우가 많은데, 이 수업에서 이름 이외의 다른 요소는 제외해달라고 요청한다. "안녕하세요. 저는 ○○대학교 ○○학과 ○○학년입니다"는 사회적 신분을 나타내는 지표로 사용된다. 어느 대학 출신인지 전공은 무엇인지에 따라 구성원을 구분 짓는다. 학년 또한 나이를 드러내는 사회적 지표이기도 하다. 이름 또한 사회문화 시대적 배경을 알 수 있어서, 어떤 국가에서는 입사시험 블라인드 테스트 과정에서 이름마저 가린다. 이름에는 인종과 성별, 국가, 시대가 식별 가능하므로 선입견을 배제하기 위함이라는 이유에서다. 사회문화 차원의 영향 요인을 줄이고 스스로의 내면에 집중해보자는 의도를 담았다.

(2) 자기소개 스피치 구성

학생들이 스피치에 앞서 고민하는 이유는 어떤 구성 방식을 적용할지, 20여 년의 세월을 어떻게 3분으로 요약할지, 그 가운데 의미 있는 사건이나 경험은 무엇인지, 서론과 결론은 어떻게 시작하고 마무리할지, 경험이나 에피소드를 어떻게 이야기로 만들고 의미로 연결할지,

사건이나 경험을 사실의 기술에 멈추지 않고 어떻게 의미 있는 상징으로 연결할 수 있는지, 청중에게 자신을 이해시키고 설득하는 데 어떤 요소들이 필요한지 등이다. 위의 질문들에 대해 AI의 도움을 받을 수 있다.

ChatGPT에게 질문했던 사례를 제시해본다. "대학생이 자기소개 스피치를 하려고 해. 스피치 구성은 서론, 본론, 결론을 갖추고, 본론은

〈표 5-1〉 AI가 작성한 자기소개 스피치 사례

서 론
안녕하세요. 저는 ○○○입니다. 제가 어떻게 이 자리에 서게 되었는지, 과거와 현재를 통해 말씀드리겠습니다.

본 론
1. 어린 시절
저는 ○○에서 태어나 자랐습니다. 어릴 때부터 (특별한 경험이나 취미)를 좋아했는데, 이 경험이 제 성격과 가치관에 큰 영향을 미쳤습니다. 예를 들어, (구체적인 에피소드)를 통해 제가 배운 것은 (교훈이나 가치)입니다.

2. 학창 시절
중학교와 고등학교 시절에는 (특정 활동이나 과목)에 열중했습니다. 이 시기에 (어떤 성취)를 이루었고, 이를 통해 (인생의 교훈이나 중요한 기술)을 배웠습니다. 이러한 경험은 제 진로 선택에 큰 영향을 끼쳤습니다.

3. 현재의 나
현재는 (학교)에서 (주요 활동이나 프로젝트)를 하고 있습니다. 이 과정에서 (어떤 능력이나 기술)을 쌓았고 앞으로 (희망하는 진로 또는 목표)를 위해 계속 노력하고 있습니다.

결 론
이제 마무리할 때입니다. 지금까지 저의 어린 시절, 학창 시절 그리고 현재의 나에 대해 말씀드렸습니다. 저의 이야기를 들어주셔서 감사합니다.

출처: ChatGPT 4o

연대기 방식, 발표 시간은 3분으로 구성해주세요"라고 했을 때, 위 스피치 원고를 제안했다(표 5-1 참고). 요청에 따라 스피치의 기본적인 구성과 형식을 갖추어 원고를 제시해주었다. 기본적인 틀을 토대로 학생들은 자신만의 고유한 경험이나 구체적인 에피소드 등을 찾아 원고를 완성할 수 있다.

추가로 AI에게 형식을 변경하거나 순서를 다르게 요청한 경우, 일례로 공간적 방식 또는 소재별 방식, 인과적 방식, 문제해결적 방식으로 변경했을 때 요구사항은 그대로 반영되었다. 가상의 경험과 사례를 간략하게라도 추가하여 요청했을 때, 더욱 현실성 있고 완성도 높아진 결과물을 제시했음은 물론이다. 어떻게 질문하고 요구하는가에 따라 다양한 결과물을 제시했다. 기실 AI가 영화 시나리오, 소설, 음악 등 다양한 기능을 수행한다는 사실을 기저에 둔다면 그다지 놀랄 일이 아님에도 적잖이 당황스러웠다. 수강생들 또한 AI 활용에 친숙하므로 자칫 AI에 전적으로 의존할 가능성 또한 존재한다. 스스로의 이야기를 구성하고 발화하는 책임은 스스로에게 있으므로 가능한 한 본인 스스로 성찰하고 고민해보라는 제언과 함께 윤리와 도덕, 책임감을 비중 있게 다루고 있다. AI와의 협업으로 제시된 스피치 사례는 보편성과 일반성을 지니고 있으나 본질적인 자아를 탐색하는 데 한계가 있다. 김주환의 자아와 관련하여 기억 자아와 경험 자아에 비중을 두고 있으므로 사회문화적인 영향으로부터 자유로운 자아를 탐색할 수 있도록 수업 내용을 개선할 필요가 있다.

(3) 비언어적 표현

　비언어 표현(nonverbal communication)은 단어들로 구성되지 않은 메시지다. 메라비언(Mehrabian)은 "침묵의 메시지(silent messages)"라고 정의한다. 비언어는 침묵을 포함하여 음성, 시선, 표정, 몸짓, 의상과 소품, 공간 등을 망라한다. 비언어 표현은 언어를 대체, 보강, 보완, 강조하는 기능을 담당한다. 스피치 과정에서 비언어적 표현은 언어보다 더 많은 상징성을 드러내는데, 버드위셀(Birdwhisell) 등은 비언어가 93%의 메시지를 전달하고 언어는 불과 7%의 설득력을 지닌다고 말했다. 상대를 설득하는 데 언어보다 비언어가 큰 비중을 차지한다는 주장이다.

　1960년대 The Great Debate(위대한 토론)로 알려진 닉슨과 케네디의 TV토론은 미디어에 의한 이미지 정치의 위력을 여실히 보여주었다. 학자들은 기존의 당선 가능성의 우위와 다르게 후보자의 비언어적 요소들이 대통령 당선에 큰 역할을 했다고 주장한다.

　AI에게 자기소개 스피치 과정에서 어떤 비언어적인 표현이 적합할지 물었을 때, 비언어 표현은 "첫인상 좌우, 메시지 전달력 향상, 자신감 전달, 청중과의 원활한 소통"에 도움이 되는 중요한 요소라고 답했으며, 적절한 비언어 방식으로 "눈 맞춤 유지하기, 바른 자세, 손 제스처 활용하기, 표정 관리, 목소리 톤과 속도 조절, 몸의 방향"을 제시했다. 좀 더 자세한 정보를 위해 '손 제스처'는 어떻게 할지 추가했더니, "메시지 강조, 숫자 나열, 중요한 부분 강조, 열린 손바닥, 크기의 시각화, 흐름 나타내기, 제스처의 일관성 유지" 등을 제시했다. 처음에 제시하지 않았던 적합한 '의상'을 묻는 질문에도 적절한 답변을 제시했다.

　필자는 영어로 된 AI 프로그램을 활용하여 스피치 연습을 수행해보았다. PC 카메라로 스피치하는 장면을 녹화하여 업로드하면 곧바로 언어적인 부분과 비언어적인 부분으로 나누어 피드백을 제시한다. 언어적인 부분은 메시지에 사용된 단어의 적절성, 문법의 오류, 논리적인 구조, 전체 맥락 차원의 이해 등을 분석하여 수치로 알려주거나 개선할 부분을 제안한다. 비언어적인 부분은 카메라의 위치, 자세, 표정, 음성(빠르기, 크기, 강조, 높낮이), 소리('어…', '음…' 등의 공백 채움말) 등의 강점과 개선할 부분을 제시해주었다. 이후 제언들을 받아들여 재촬영했을 때 평가의 수준이 개선되는 결과를 얻게 되었다.

(4) 발표 불안

불안은 위험에 대한 인간의 본질적인 반응이다. 생존을 위협하는 상황에서 생명을 지키기 위해, 경험하지 못한 낯선 상황에서 안전을 도모하기 위해 주변을 경계한다. 산에서 큰 멧돼지를 만난다면 불안감이 엄습할 것이다. 위급한 순간 도망갈지, 달려들지, 죽은 척할지 결정하고 행동으로 옮긴다. 도망가려고 결정했다면 신체 내부의 장기는 일상의 작동을 멈추고 달리기 모드로 전환된다. 불안하므로 특정 행동을 취한다고 여기지만, 뇌과학 연구에 따르면, 몸의 반응이 먼저 일어나고 이후에 불안이라는 반응이 뒤따른다. 일반적으로 스피치 상황도 낯설기는 마찬가지다. 멧돼지를 만났을 때의 불안 크기는 아니어도 여러 사람 앞에서 스피치하는 경우 불안할 수 있다.

리어리와 코발스키(Leary M. & Kowalski)에 따르면, 발표 불안은 과다한 자기제시의 동기(motivation of self presentation)와 부족한 자기제시의 기대감(expectancies of self presentation)에서 기인한다. 상대에게 잘 보이려는 욕심과 잘 보일 수 있다는 자신감에서 비롯된다. 발표하기 전에, 발표하면서, 발표 이후에 생기는 긴장, 떨림, 당황, 불안의 감정으로 평소 자신의 모습을 잃는다. 발표불안증은 발표하기 전에 가장 높은 수위를 보이다가 점차 옅어지는 경향을 보인다.

불안은 표정과 눈에서 가장 두드러지게 나타나는데, 놀라거나 당황한 표정, 웃음이 사라진 표정으로 눈을 동그랗게 뜨거나 청중과 눈 맞춤을 하지 못하고 회피하는 경우가 있다. 몸이 긴장되어 비언어적 행위가 나타나는데, 어깨가 올라가거나 움츠러들거나, 목소리가 떨리거나 높아져 격양된 감정으로 말하는 속도가 빨라진다. 준비한 스피치 내용을 잊는 경우도 있어서 무슨 말을 해야 할지 난감해하기도 한다. 물건에 반응하는 경우도 있어서 본인의 실행개요서를 만지작거리거나 둘 데 없이 방황하던 팔로 뒷짐을 지거나 마이크를 붙잡는 경우도 있다.

김주환은 발표불안증을 낮추기 위해 편안한 호흡, 근육 풀어주기, 바른 자세, 명상 등을 제안하면서 자기확언(self-affirmation, self talk) 또한 강조한다. 2024년 올림픽경기에 임하는 우리나라 양궁 선수들의 실력이 세계 최고 수준임에도 승리에 대한 불안이 있었으며, 이를 낮추기 위해 자기확언 방법을 적용했고, 지속 수행한 결과 즉각적이고 절대적인 효과가 나타났다고 제시했다. 자기확언은 '내가 나에게, 나에 대해, 진심으로 하는 얘기'로서, 스스로에게 "침착하고 차분하게, 즐거운 마음으로, 나는 할 수 있다"고 말하는 힘이다. 덧붙여 "상대에게 사랑과 존중을 주라"고 제언하는데, 평가의 대상이 아니라 긍정적 내면소통을 하는 주인공이 되라고 촉구한다. 즉, 발표자는 사랑과 존중을 상대방에게 주는 존재로서 자기긍정과 타인긍정의 마음을 지니고 자신의 발표를 들어주어 감사하다는 마음, 즉 경청에 대한 존중을 표하고 사랑의 마음으로 말하라고 권유한다.

스피치를 잘하기 위한 가장 기본적인 방법은 '연습'이다. "시인은 타고나지만 연사는 연습으로 태어난다"는 명제에서 드러나듯 스피치 연습이 가장 효과적이다. 본인의 발표 전에 20여 차례의 연습을 강조하는데, 10여 차례는 준비개요서를 토대로, 7-8차례는 실행개요서를 토대로, 마지막 2-3차례는 친구나 가족 앞에서 실전처럼 스피치해보고 그 장면을 녹화하고 그들로부터 피드백을 받아보라고 권유한다. 연습 과정이 수업에서 이루어지면 좋겠으나 시간의 한계로 이루어지기 어렵다. 수업에서 학생의 발표 후 핵심적인 2-3가지 관점에서 개인의 장점과 개선할 부분을 언급하게 되는데, 세부적인 의견을 제안하는 데 한계가 있었다.

AI와 함께 스피치 연습을 병행한다면 좋은 성과를 내리라고 예상한다. 앞서 발표 불안은 여러 사람 앞에서 발표하는 낯선 상황에서 일어난다고 했는데, 이 상황을 편안하고 익숙하게 한다면 불안은 낮아질 수 있으며 건강한 긴장감으로 발표에 임할 수 있다. 나아가 AI는 발표자의 모든 언어와 비언어 과정을 체계화된 기준에 따라 분석해줄 수 있다. 초기 과정에서 준비개요서 내용을 수정·개선할 수 있고, 실행개요서로 연습할 때 현장성과 즉흥성, 감정 전달과 비언어적인 요소에 집중할 수 있다. 마지막 연습은 실전과 유사한 상황을 연출하면서 청중의 반응까지 탐색할 수 있는 중요한 기제가 된다. 피드백을 통해 스스로 생각했던 의견과 반응 그리고 청중 반응 사이의 간극을 좁힐 수 있다. 스피치 원고를 외우지 않고도 전체 흐름을 파악하여 자연스러운 스피치를 실행하는 데 도움이 된다.

(5) 경청

경청(active listening)은 적극적인 듣기다. 경청은 '귀로 듣는 것'을 넘어 눈, 입, 마음을 열고 듣는 역동적인 행위다. 상대방의 말에 관심을 두고 귀 기울이며, 이해와 더불어 공감에 이르는 과정이다. 경청을 통해 합리적 판단과 분석이 이루어지고 비판적 듣기가 가능하다.

'말한다'는 것은 상대를 대상으로 이루어지는 발화 행위이면서 동시에 자신에게 들려주는 말이다. 즉, 말하면서 동시에 내가 듣는다. 말은 외부로 발화되기 직전 뇌 안에서 내가 무슨 말을 해야 할지 리허설이 일어난다. 미리 듣는 존재는 자신이다. 경청은 자신의 이야기를 스스로 듣는 자기확언의 공간이기도 하다.

경청은 AI와의 협업을 통해서도 경험할 수 있다. AI는 방대한 학습 자료를 토대로 답변을 제시하므로 이러한 견해를 어떻게 수용할 것인지 주체적으로 이해하고 판단할 필요가 있다. 나아가 본인의 스피치 내용을 AI에게 검토를 의뢰하고 피드백을 받아 수정하는 과정을 거치면서 자기 객관화를 수행할 수 있다.

3) 정보 제공/설득 스피치

(1) 정보

정보(information)는 상식과 지혜 사이의 지식 체계다. 애로우(Arrow) 에 따르면 정보는 대상이 되는 사물의 성질, 작용, 의미를 알림으로써 그에 대한 지식의 불확실성을 감소(uncertainty reduction)시킨다. 웨스터스 탈(Westerstal)에 따르면 정보로서의 요건은 정확성과 객관성, 완전성과 균형성, 명확성, 유용성을 갖추어야 한다. 정보는 사실에 기초해야 하며, 다양한 관점에서 충분한 조사가 이루어져야 하고, 진실이라고 믿을 만한 상당성이 있어야 한다. 한쪽으로 치우지지 않은 균형과 형평성을 요구하며, 사람들에게 필요한 내용과 유익함을 갖추어야 한다.

민주사회에서 요건이 충족된 정보 제공은 특별한 의미를 지닌다. 시민으로서 스스로 이해, 판단, 결정하고 행동하려면 정보화된 공중(informed public)은 필수다. 왜냐하면 단지 몇 가지 사실과 정보만으로도 추론이 가능하고, 제한된 정보로 특정 상황의 해결책으로 적용할 수 있기 때문이다. 잘못된 정보나 왜곡된 정보는 공중의 판단에 부정적인 영향을 끼칠 수 있으므로 정보는 유의하여 다루어야 한다.

AI 환각(hallucination)은 정보처리 과정에서 발생하는 오류로, 내재적 환각과 외재적 환각으로 구분된다. AI가 학습한 정보의 최신성 미비에 따른 오류를 비롯하여 사실과 다른 창작의 가능성에서 기인한다. 이를 통해 잘못된 수치를 제공하거나 왜곡, 현대의 법칙에 위배되는 이미지 등을 생성한다. AI는 잠재된 패턴을 찾으려는 목표를 추구하므로 대중성과 보편성을 지닌다. 다만 AI의 환각은 다양한 노력으로 감소하리라 예측할 수 있으나 여전히 정보의 요건을 충족하는지 확인할 필요는 있다.

(2) 브레인스토밍

스피치의 주제를 탐색하기 위해 브레인스토밍(brain storming) 활동을 하는데, 개방형 브레인스토밍(자유연상법), 항목별 브레인스토밍, 고리식 브레인스토밍 방법 등을 활용한다. 브레인스토밍 과정에서 AI와의 협업을 시도해보았다. 우선 교수자가 '세대/연령/나이'를 주제로 다양한 사례와 쟁점 등을 소개했다. 일례로 어린아이의 식당 출입을 제한하는 노키즈존, 저출산 문제, 아동보육 문제, 청년 취업 문제, 지하철 임산부석, 65세 이상의 지하철 무임승차제도, 초고령화 사회와 노인빈곤, 세대갈등과 정년 연장 등이 있다. 추상성이 높은 단계에서 시작한 '세대/연령/나이'와 관련한 주제는 구체적인 차원에서 다양한 범주의 사회 이슈로 확대할 수 있다.

이후 2인 1조로 학생을 구성하고, '생명'을 주제로 개방형 브레인스토밍을 제안했다. A4 용지를 나누어주고, 자유롭게 떠오르는 생명 관련 주제, 이슈, 쟁점을 10분 동안 작성하도록 했다. 이후 AI의 도움을 받아 관련 주제를 추가 탐색하도록 했다. 도출된 다양한 이슈 가운데 두 사람이 논의하여 최종으로 하나의 중요한 논제를 선택해보았다. 최종 논제를 선택하는 과정에서 주장하는 이유와 근거를 제시하고 상대보다 더 타당한 논거로 설득해야 한다. 어떻게 설득했는지 또는 설득되었는지 이유를 작성해보았다. 이러한 실습 과정은 학생들에게 생각할 거리(food of thought)를 제안하고, 특정 주제에 대한 관심을 환기시키며,

어떤 주제가 우리에게 의미가 있는지 알 수 있다. AI로 주제탐색 과정을 넓혔을 때, 우리가 생각하는 범주뿐만 아니라 다른 관점이나 차원의 이슈를 제기하면서 방대한 주제로 영역을 확장할 수 있다. 더불어 서로 다른 주장들이 어떤 과정을 거쳐 논의되고 숙의하면서 동의와 합의에 도달할 수 있는지 연습할 수 있다.

(3) 설득

플라톤(Platon)에 따르면 설득(persuasion)은 "언어를 통해 마음에 영향을 미치는 기술(art)"이며, 라슨(Larson)은 현대적 차원에서 "선택에 영향을 주기 위한 의도된 커뮤니케이션"이라고 정의한다. 설득은 인간의 인지·정서·행동과 관련한 태도, 신념, 가치관에 영향을 끼치려는 시도이기도 하다. 정보 제공 스피치와 다르게 설득은 청중에게 선택을 강요하고, 청중의 약속을 요구하며, 궁극적으로 청중의 행동을 촉구하기 위해 감정에 호소하므로 발화자는 철저히 윤리적이어야 한다. 아리스토텔레스(Aristotle)에 따르면 수사(rhetoric)는 설득하는 것이 아니다. 수사는 어떤 사안에서든 그 사안에 묻혀있는 설득력 있는 요소를 살펴야 한다고 주장한다. 즉, 의학이 하는 일은 건강을 산출하는 것이 아니라 가능한 선에서 건강을 촉진하는 것이다. 따라서 설득은 믿음을 심어주는 행위다. 아리스토텔레스는 『수사학(Rhetoric)』에서 설득의 요소로 논리(logos), 연사(ethos), 감정/청중(pathos) 세 요소를 꼽고 있다. 설득의 기법으로는 논증(argument), 청중의 감정에 호소, 연사의 공신력, 동시대의 문화에 호소하기 등이 대표적이다.

(4) 논증

논증(argument)은 논리적인 담론을 통해 증거와 논리, 체계적인 사고를 활용하여 좋은 결론을 도출하려는 의도적인 시도이자 설득 내용의 핵심과 주장의 당위성을 증명하는 과정이다. 무엇이 진실인지 알아내고, 합의에 도달하기 위해 행하는 사회적인 과정이기도 하다. 논증의 기본 요소는 논증을 필요로 하는 진술, 진술을 뒷받침할 증거, 진술과 증거를 통합하는 결론의 세 가지로 구분된다. 툴민(Toolmin)의 논증모델에 따르면 논증의 구성요소에는 주장, 근거, 보장과 논거, 한정, 반증, 보강으로 이루어진다. 주장은 믿기를 바라는 단정적 결론이며 논란의 소지를 지닌다. 근거는 주장을 지지하거나 뒷받침하기 위한 자료이자 증거다. 보장과 논거는 자료에서 출발하여 어떻게 주장과 결론에 이르렀는지 합당성을 제기한다. 한정은 주장의 강도나 정도를 나타낸다. 반증은 상대의 반론에 대비하여 타협할 여지를 마련한다. 보강은 하나의 근거나 논거로 부족할 때 다른 근거와 논거를 추가하여 주장을 공고히 한다.

AI와 협업할 수 있는 가장 유용한 방안은 논리 구성, 즉 논증하기다. 연사의 공신력과 감정 또한 논리를 탄탄하게 구성하면서 강화할 수 있다. 일례로 자신의 주장을 세우기 위한 보장 논거의 방법은 다양한 관점에서 구성할 수 있다. 보장 논거의 방안으로 연역적, 귀납적, 인과적, 상관관계, 유추, 권위에 의한 방식 등이 있다. 하나의 주장에 대해서도 다양한 보장의 방식으로 논증을 구축할 수 있다.

(5) 질문

질문(question)은 모르는 사안에 대한 궁금증을 해소하기 위한 수단이며, 현재 상태에 대한 끊임없는 의문 제기를 통해 무엇이 문제인지 드러낼 수 있다. 문제를 적시하고 원인과 해결방안을 탐색하면서 시대의 변화와 진보가 이루어진다. 질문하지 않으면 현재에 정체되고, 현재에 안주하는 경우, 발전은 기대하기 어렵다. 존 스튜어트 밀(John Stuart Mill)은 『자유론(On Liberty)』에서 모두에게 진리로 받아들여지는 어떤 명제라도 끊임없이 질문을 제기하여 의문이 남지 않도록 해야 한다고 주장한다. 모르면 묻지 못하는 역설이 발생하기도 한다. 알아야 질문할 수 있고, 탐색할수록 더 많은 질문이 생성된다. 특히 토론에서 제기하는 교차조사는 몰라서 묻기보다는 주장의 확인, 검증, 반론, 의혹을 제기하기 위한 차원에서 이루어진다.

질문의 유형에는 사실적 질문, 추론적 질문, 비판적 질문, 창의적 질문이 있다. 사실적 질문은 정확한 의미나 사실 여부를 확인하면서 사안의 명료화를 이끌어낼 수 있다. 모르는 사실은 질문을 통해 자신의 인지 강화 학습 증가, 인식의 확대로 연결할 수 있다. 추론적 질문은 주장과 이유, 이유와 근거, 사례 사이의 타당성을 묻고 있으며, 사실관계나 상위가치인 전제를 탐색한다. 비판적 질문은 발언한 논증에 대해 다른 견해, 관점, 의견을 묻고 있으며, 상대의 주장과 표현의 오류를 찾아낸다. 또한 질문자의 주관과 판단이 개입할 여지가 있다는 특성이 있다. 창의적 질문은 주제에 대한 근본적인 성찰을 묻거나 당연하다고 여기는 진리를 제기하면서 변화의 가능성을 모색한다.

AI와 협업하는 과정에서 제기할 수 있는 질문은 어떤 주제로 설득 스피치를 할 것인지, 어떤 방향성이나 태도를 취할 것인지, 즉 찬성 혹은 반대의 태도, 주장의 강도는 강하게 혹은 약하게 할 것인지, 주장을 뒷받침할 자료와 근거는 무엇이며, 어떤 사례가 적합한지, 자료와 근거를 통해 주장으로 연결할 논거는 무엇인지, 논제의 범위를 어느 정도로 할 것인지, 반대의 주장에 어떤 대응을 할 것인지, 주장을 강화하기 위한 다른 주장과 근거 논거는 무엇인지 등이다. 이러한 각각의 과정에서 AI를 도구 또는 파트너로 활용하여 추적하고 질문하고 답변을 탐색한다면 좋은 결과를 도출할 수 있다.

질문은 AI와의 협업에서 가장 핵심적인 부분이기도 하다. AI는 질문자의 수준에 따라, 질문의 진행에 따라, 깊이에 따라 제시하는 답변의 수준에서 상당한 간극을 보인다. 특정 분야의 전문가 이상 수준의 답변을 제시할 수도 있고 평이한 수준에 머무르는 경우도 있으므로 AI를 유용하게 활용하기 위해서는 사용자의 비판적 사고와 합리적인 숙고, 객관적인 논리의 숙련이 필요하다.

4) 토론

(1) 토론의 구성

토론(debate)은 형식과 절차를 갖추고 주장을 합리적으로 전개하여 상대방의 논리를 반박하고 청중을 설득하는 행위다. 특정 논제에 대해 찬성과 반대로 나누고 각각의 견해를 검증하고 비교하는 과정이기도

하다. 토론은 현장에서 이루어지는 경쟁적이고 대립적인 의사소통 행위다. 토론은 찬성과 반대 서로 다른 주장을 펼치는 듯하지만, 상위개념으로 보면 같은 지향성을 제시한다. 일례로, 선별복지 또는 보편복지가 나은지 토론하는 경우 상위개념은 '복지'가 된다. 방법론의 차이로 어떤 선택을 할 것인지 결정하는 행위이기도 하다. 공동체 사회의 삶을 개선하기 위한 방안이 모색되는 공론장(public sphere)이다.

토론 방식(format)은 CEDA이며, 2:2 혹은 3:3 토론을 수행한다. CEDA 방식은 입론-교차조사-반박의 순으로 진행되고, 찬성 측의 입론을 시작으로 반대 측의 교차조사, 반대 측의 입론, 찬성 측의 교차조사로 이어진다. 반박은 반대가 먼저 수행하고 토론의 전체 마무리는 찬성이 맡는다. 시간은 각 4분, 3분, 3분, 숙의시간은 팀별 4분으로 총 48분이 소요된다. 양측의 토론 후 청중과의 질의응답으로 이어진다.

토론 논제는 사실·가치·정책 토론 가운데 자유로이 선택 가능하며, 각 팀에서 발의한 주제 가운데 타당한 논제로 결정한다. 프릴리(Freely)에 따르면 토론 논제의 선정기준은 변화성, 명확성, 균형성, 공정성, 구체성, 시사성 등을 갖추어야 한다.

토론의 기본 원칙 가운데 추정의 원칙이 있고, 무죄추정의 원칙과 법의 원칙으로 나뉜다. 무죄추정의 원칙에 따라 충분히 입증·검증되지 않은 경우 피의자를 유죄로 판단할 수 없고, 법의 원칙에 따라 상대 주장에 아무런 대응을 하지 않으면 그 쟁점은 상대에게 유리하다. 실제 토론을 수행하다 보면 반박에서 반론만 하는 경우가 빈번하고, 주장을 강화하거나 설득하는 부분은 생략하는 일이 빈번하다. 각자의 주장만 세우고 증명하지만 상대측의 주장에는 아무런 응대를 하지 않는 경우가 있다. 질문하지 않으니 답변할 필요가 없으며, 쟁점을 파악하는 데 어려움이 있다. 쟁점으로 부각된다 해도 주장의 이유 간에는 상대적인 유리, 우월함이 나타나지 않기도 한다.

(2) 정책토론

정책토론에서 입론은 첫째, 주요 용어와 개념, 문제의 역사적 배경과 이념적·철학적 근거, 둘째, 토론 논제를 발의하는 이유로서 정당화와 당위성을 제시한다. 이때 문제의 중요성과 심각성, 즉시성과 지속성을 강조한다. 셋째, 방안으로 실행 가능성과 해결성을 제시하고, 넷째, 이익과 부작용에 대한 주장으로 구성한다. 입론을 구성하는 과정에서 AI는 네 가지 관점을 적절하게 제시해준다.

교차조사는 앞선 입론에 대해 상대방이 질문으로 의문을 제기하고 사실 확인과 비교 검증, 논리의 모순을 밝혀내는 과정이다. 토론의 방향성을 결정하고, 무엇이 쟁점인지를 청중에게 알리는 중요한 순서다. 일례로 전국대학생토론대회는 동일한 논제로 예선을 치르는데, 100여 팀 이상의 토론이 펼쳐져도 교차조사에서 질문이 어떻게 이루어졌는지, 어떤 쟁점이 부각되었는지, 질문의 순서는 어떠했는지, 쟁점이 명확하게 밝혀졌는지에 따라 토론의 향배가 결정되기도 한다. AI와의 협업 과정에서 제기된 질문을 통해 무엇이 쟁점인지, 중요한 핵심은 무엇인지, 어떤 질문을 먼저 해야 하는지 등의 맥락 파악이 중요하다. 상대방이 어떤 답변을 할 것인지 예상하여 추가 질문을 준비하고 대비하는 전략은 필수다. AI는 우리 측의 주장과 상대측의 주장, 질문과 반박 자료를 모두 제공하므로 상대측이 우리의 주장과 질문 모두 잘 알고 있다는 전제하에 출발해야 한다.

상대측의 주장을 모두 알고 있다고 해서 토론에 반드시 유리하지는 않다. 충분한 자료와 근거는 토론의 승패에 중대한 영향을 끼치는 변수이기는 하지만, 더욱 중요한 결정은 반박에서 이루어진다. 반박의 전체적인 구성은 쟁점 정리와 유불리에 대한 논평 그리고 반론 제시, 상대측보다 더 설득적인 증거와 근거 제시, 입장 강화, 방어, 심사자와 청중 설득 등으로 이루어진다.

반박은 AI와의 협업으로도 대응하기 가장 어려운 부분이다. 입론은 미리 계획할 수 있으나 반박은 현장성이 강화되는 까닭이다. 자신의 역할뿐만 아니라 상대의 주장을 미리 알고 있다면 유의미한 결과를 기대할 수 있다. 본인이 찬성 측이라면 반대 측의 역할을 맡아 토론을 연습해봐야 알 수 있다. 실제 토론대회에서 토론 시작 직전에 찬성팀과 반대팀을 결정하는 이유이기도 하다. 간혹 찬성팀과 반대팀을 미리 결정하지 않고 토론 당일 결정하는 경우, 유용한 정보 제공, 불리하면 감추었을 내용의 공개, 역동성과 현장성이 이루어지며, 토론의 승패를 결정하고 스스로 판단하는 공중의 정보화에 더욱 유의미한 경험을 할 수 있다.

3
AI 전망

미디어생태학에 따라 커뮤니케이션 양식이 인간의 삶과 행위에 영향을 끼치므로 AI 시대 대학의 교양교육이 어디로 향해야 하는지 묻는 일은 학술적·사회적인 의미가 상당하다. 무릇 AI 시대가 초기 상황이고, 앞으로의 시대를 예측하는 작업이 얕은 지식으로 가늠하기 난해할지라도 변화에 조응함과 동시에 시대와 커뮤니케이션 양식에 관계없이 흔들리지 않는 교육의 본질이 무엇인지 천착하는 일은 의미 있다.

존 스튜어트 밀(John Stuart Mill)의 사상은 AI 시대의 개별성, 사회성, 표현의 자유와 책임, 민주주의에 시사하는 바가 여전하다. 그는 『자유론』을 통해 "전체 인류 가운데 단 한 사람이 다른 생각을 가지고 있다고 해서 그 사람에게 침묵을 강요하는 일은 옳지 못하다"고 강조한다. 그에 따르면 누구든 자신의 의견과 견해는 억압이나 제한을 받지 않고 표현할 수 있어야 하는데, 이는 표현의 자유와 사상의 자유로서, 개별성은 자유의 본질이자 인간의 기본적인 권리다. 개인(individuality)은 스스로 이성을 사용하여 판단하고 결론을 내리고 지적 능력을 발전시켜야 한다. 타인의 권리와 이익을 침해하는 경우를 제외하고 개인의 자유는 보장되어야 하며, 자유와 책임 간의 균형이 필요하다.

상대방은 나와 다른 의견을 지닐 수 있고 사회에는 다양한 견해가 존재한다는 사실을 수용해야 한다. '역지사지'로 이해될 수 있는 상대와의 소통 관계는 다른 사람의 입장이나 의도를 파악하고 이해할 수 있는 능력을 말한다. 획일화된 사회가 아닌 다양한 의견과 생활방식이 공존하는 사회를 지향한다. 타인에 대한 배려와 연민은 행복의 핵심 요소이므로 개별성과 사회성은 상호보완적이다. 개인의 고유성을 중시하면서 사회적 협력과 연대를 강조한다. 비록 잘못된 의견이라도 발언할 수 있어야 하는데, 비교 검증하는 과정을 통해 오히려 진실이 더 빛날 수 있고 시민 스스로 합리적 판단을 내리는 준거가 될 수 있다. 확인된 사실이나 보편성을 지닌 진실일지라도 끊임없는 질문과 논증을 통해 작은 의문이나 문제도 남김없이 해소될 수 있어야 한다. 복잡하고 불필요해 보이는 이 과정을 수용하는 민주주의에서 개별성, 다양성, 자유와 책임, 진보가 원활하게 작동할 수 있다.

밀(Mill)은 민주주의의 근간인 다수의 의견이 소수의 권리를 침해할 수 있다는 데 우려를 표명했다. 만약 개인이 다수의 의견을 무비판적으로 따를 경우 '다수의 횡포'를 강화할 수 있다는 것이다. 새로운 실험은 소수가 주도하는 경우가 많으므로 다수의 의견이 중시되면 혁신 시도가 억압되어 사회의 발전이 저해될 수 있다. 반대로 권력을 동원하여 다른 견해를 억압하거나 금지할 수 있으므로 개인과 정부는 가장 정확하게 판단할 수 있도록 최선의 노력을 기울여야 하며, 주의 깊게 판단해야 한다.

2024년 노벨경제학상을 수상한 대런 아세모글루(Daron Acemoglu)와 사이먼 존슨(Simon Johnson)은 『권력과 진보(Power & Progress)』를 통해 기술 발전이 반드시 번영을 가져오는 것은 아니며, 번영은 제도적·기술적 으로 우리가 선택한 결과라고 했다. 번영에는 수혜자도 있으나 혜택이 저절로 주어지지 않으며, 다음 세대를 위해 올바른 선택을 하지 못한다 면 혜택을 받지 못할 수도 있다. 디지털 테크놀로지는 모든 곳에 존재 하지만 이익은 기업가와 경영자, 그리고 몇 명의 투자자가 막대한 부 를 얻는다. 반면 대부분의 노동자는 실질임금이 오르지 않는데, 기술발 전의 혜택으로 주어진 부유함을 함께 누리긴 매우 힘들 것이라고 예상 한다. 실제 산업혁명 시대 섬유기계의 발전은 생산성을 급격히 상승시 켰으나 노동자의 입지는 약화시켰다. GM(General Motors)사가 1980년 당 시 고용한 노동자 수는 74만 명인데, 2022년 구글(Google)은 19만 명 고 용에 불과하다. 1982년 GE(General Electric)의 매출액은 265억 달러였고, 2022년 구글의 매출액은 2,815억 달러에 이른다. 아세모글루는 앞으로 우리가 어떤 선택을 해야 하는가에 대한 해결 방안으로 세 가지를 제안 했다. 첫째, 인간의 권한을 강화하는 내러티브 변화, 즉 포용적 제도, 둘 째, 새로운 노동운동 조직의 필요성, 셋째, 자본에 우호적이면서 노동 과 자본을 공평하게 다룰 수 있는 기술 진보의 방향성이 중요하다고 제 시했다.

생성형 AI와의 공존은 현실이므로 다양한 차원에서 도움, 협업, 상 생이 이루어져야 한다. 특히 인간의 능력보다 뛰어난 인지, 판단, 추론 을 수행하는 AI를 있는 그대로 인정할 필요가 있다. 교육과정에서 인간 의 비인지적 능력의 향상을 위해 고유한 가치인 개별성, 공감력, 소통 능력, 문제해결력, 시민의식, 협동력을 갖출 수 있도록 최적의 방안을 끊임없이 찾아야 한다.

하나의 실용적인 해결 방안으로 플립러닝(flipped learning)을 제안하고자 한다. 플립러닝 방식은 결과(result) 중심의 수업에서 과정(process) 중심의 수업으로의 변화를 지향한다. 학생들은 수업 전에 기본 개념을 학습하고, 실제 수업에서는 심화학습 활동이나 문제해결, 토론 등을 수행한다. 즉 기존의 수동적 학습에서 능동적 학습자로 전환하여 자기주도적 학습을 하고, 실제 수업은 적극적인 참여를 통해 상호작용이 활성화된다. 교수자는 지식을 전달하는 역할에서 학습 조력자, 촉진자, 안내자로 전환하면서 수업시간은 심화학습과 비판적 사고, 분석력 제고에 비중을 둘 수 있다. 활동 중심의 수업으로 교수자는 학생들을 면밀히 관찰하고 개별 학생에게 맞춤형 피드백을 제공할 수 있다. 즉, 학생들의 성장 과정에 동참하여 내적 역량을 키울 수 있도록 보완하는 역할을 수행할 수 있다. 기본 개념은 교수자가 온라인으로 녹화영상을 제공하거나 특정 교재, 논문 등을 제안할 수 있다. 교수자는 해당 교과목 담당자뿐만 아니라 다양한 분야의 전문가로 영역을 넓힐 수 있다. 수업 장소는 강의실을 비롯하여 현장(field study) 탐방, 자율학습, 협업활동 등 다양하게 이루어진다. 수업 도구는 온라인 녹화 강의, 온라인 실시간 강의, 강의실 강의, 다양한 디지털 기기와 AI 도구(챗GPT 등)를 활용한다.

에드워드 사이드(Edward Said)는 『지식인의 표상』을 통해 지식인의 역할은 권력을 향해 진실을 말하는 것이라면서 공적인 문제에서 약한 사람의 존엄성을 옹호해야 한다고 규정한다. 대표적인 위협으로는 권력 유착과 상업주의가 있으며, 전문화된 현대사회에서는 자신의 영역 바깥에서 일어나는 문제에 대해 눈을 감는 '전문가주의'가 중대한 위협으로 간주된다. 종래에 전문가는 아마추어가 되어야 하는데, 아마추어는 라틴어 amator, '사랑하는 이'라는 뜻에서 기원을 찾는다. 냉소주의나 두려움에 갇히지 않고 관심과 애정으로 움직이는 사람이 아마추어다. 아마추어인 지식인은 공동선, 연대, 가난한 사람에 대해 우선적인 선택을 할 수 있어야 한다.

지금까지 AI 시대 대학 교육의 변화와 대응, 교수자의 역할과 임무, 학생의 비인지 역량 강화를 위한 짧은 견해를 밝혀보았다. 모쪼록 AI 시대와 조응하면서 세 층위, 즉 사회(대학)-교수자-학생의 관계와 소통이 의미 있게 발전하기를 기대해본다.

AI
스.
토.
리.

AI를 활용해본 〈스피치와 토론〉 교수들의 리포트

AI,
윤리 그리고
스피치와 토론:

기술과 인간의
조화로운 공존을 위한
탐구

이명선

1
변화의 확장:
AI, 윤리, 스피치, 그리고 토론

이 글을 시작하면서 세 분야의 연관관계를 어떻게 생각해야 할지 고민을 많이 했다. 첫 번째로 놀라운 속도로 발전하는 AI라는 존재다. 두 번째로 윤리적 측면에서 오랫동안 플라톤의 절대적 고정성 같은 변하지 않는 윤리적 개념이다. 그리고 세 번째로 AI와 윤리 사이에 자리잡은 21세기 초반의 공적 말하기 또는 스피치와 토론이라는 세 분야의 관계 형성이다. 우연히 2024년 노벨상 수상식을 지켜보던 중 힌트를 얻게 됐다. 이번 노벨상의 과학 분야는 AI, 즉 인공지능 분야의 독식이었다. 과연 AI의 빠른 발전을 보여주는 것 같다. 하지만 노벨상을 수여하는 목적은 역시 특정 분야에 대한 공헌에 상을 주는 것보다 이를 통해 다시 한번 인류는 뒤를 돌아보고 과거, 현재, 미래를 보아야 한다는 절실한 교훈을 주는 것 같다. 이처럼 이 글을 통해 AI, 윤리, 공적 말하기의 관계를 한 번쯤은 간단하게나마 생각해볼 기회를 얻는 것도 좋을 것 같다.

사회학자 또는 미디어학자로 살아가면서 주위에서 발견되는 여러 가지 변화에 대해 민감해지는 것은 당연한 일이라고 생각한다. 사회학을 하는 사람의 별명 중 하나가 'Social Spy', 다른 말로 하면 사회에서 벌어지고 있는 일들에 대해 유심히 염탐하는 직업이라는 것이다. 이러한 직업적 버릇으로 인해 요즘 대학에서 민감하게 사회학자에게 관심 대상이 되는 것은 아마도 빠르게 다가와서 사용되고 있는 AI 관련 변화일 것이다. AI는 영어로 Artificial Intelligence다. 해석하자면 인공지능이다. 인간 같은 지능이기보다는 인공적인 지능이다. 매 학기 강의를 통해 학생들에게 미디어 역사에 대한 설명 중 중요하게 강조하는 부분인 미디어 기술력 발전은 상당히 빠르게 발전해왔지만, 빠르게 변하는 미디어의 기술력에 반해 그것을 사용하는 사람들과 그 사람들이 살아가는 사회는 적합한 속도로 상호반응이 부족하다는 것이다. 다른 말로 하면, 미디어 기술의 발전은 시공간을 넘어 빠른 속도로 변하지만, 그것을 이용하는 사람들에 관한 인문과 사회 분야의 연구 발전은 상대적으로 늦다는 것이다. 특히 요즘 이목이 집중되는 AI와 윤리적인 문제도 그렇다고 보여진다.

사회과학 중 미디어를 주로 연구하는 사회학자로서 사람, 사회, 미디어의 관계에서 메시지를 통한 영향력에 관한 주제는 언제나 흥미롭다. 우선 필자는 대학에서 커뮤니케이션 과목을 중심으로 〈스피치와 토론〉 교과목을 가르치며 학생들의 공적 말하기 능력과 학생 자신들의 메시지를 공적인 청자와 환경에 효과적으로 전달하는 방법을 교육한다. 즉, 학생들이 자신들의 언어와 메시지를 설득력 있게 전달하는 것을 가르친다. 여기에서 중요한 것은 학생들의 공적 말하기에는 윤리라는 덕목이 포함된다. 다시 말해, 자신의 언어, 지식, 능력으로 만든 메시

지를 창작하여 공적·학문적 환경에서 말하기를 하는 것이다. 그런데
여기서 잠시, 강의 중 학생의 AI에 관한 질문을 적어보면 다음과 같다.

학　생: 공적 말하기 스피치와 토론을 준비할 때 AI를 사용해도
되나요?

교수자: 어떤 부분에 대한 AI 사용을 말씀하시는 건가요?

학　생: 자기소개 또는 설득 스피치의 주제라든가 개요서를 정
리할 때 AI를 찾아보면 좋을 것 같습니다.

교수자: 찾아보시는 것은 좋지만, 자신의 언어와 지식으로 스피
치를 하셔야 합니다. 그리고 AI의 도움을 받으면 반드
시 인용하거나 표기를 해야 합니다.

　　아마도 요즘 캠퍼스 강의에서 흔히 있는 대화일 것으로 생각한다.
다시 말해, 학생들이 AI는 당연히 사용하는 학습적 도구이지만, 학문적
이며 윤리적 영역을 인식하여 정확하게 사용해야 한다는 것이다. 이는
1990년대 중반 인터넷이 처음 등장했을 때, 특정 대학교수들이 인터넷
인용 자료들을 학문적으로 받아들이지 않았던 기억과 2000년대 중·후
반 소셜미디어의 강한 등장 시기에 여러 대학교수가 방법론적 입장에
서 소셜미디어의 자료들을 학문적 자료로 인정하지 않았던 시간이 있
었다. 이러한 상황은 대학의 교수자들이 당시 이러한 새로운 기술의 정
보를 윤리적으로 받아들이기에 어려웠던 모습으로 볼 수 있다.

　　그러면, 현재로 돌아와서 학생들의 AI 사용에 대한 행태를 윤리적
으로 받아들일 수 있는가에 대한 질문이다. 과목마다 다양한 리포트를
평가할 때 AI에서 인용한 부분에 대해서는 특이한 발견 수단이 부족하

다. 인용 프로그램이 있어도 AI에 대한 광범위한 인용 판독은 쉽지 않다. 학생들의 윤리적인 부분을 절대적으로 믿고자 하는 희망은 크다고 볼 수 있지만, 혹시나 하는 마음이 항상 남아있다.

그리고 한 가지 더 흥미로운 것은 AI는 기존의 미디어 또는 인터넷 기술과는 상당한 차이가 있다는 것이다. AI는 요즘 확장되고 변화된 인터넷의 개념으로도 보이지만, 2020년 라르손(Larsson)의 논문에서 보면 AI의 정의는 다음과 같다. AI의 가장 다르게 보이는 기술은 "AI 자신이 어느 정도의 '자율성'과 '학습 능력'을 가지고 있다는 것"이다. 간단한 내용 같지만, 여기서 말하는 자율성과 학습 능력이라는 단어의 의미는 미디어 기계가 인간과 기계의 관계에서 인간만이 가지고 있던 자율성과 학습 능력 영역을 가지고 있다는 것이다. 따라서 여타 다른 미디어 기술의 메시지를 중심으로 일방적인 커뮤니케이션 행태가 아니라 기계와 인간이 상호 의사소통하는 방식이라고 볼 수 있다.

다시 말해, AI는 기존의 인터넷 미디어가 제공하는 저장 또는 축적되어 있던 자료를 전달하는 능력이라기보다는 이러한 정보를 자율적으로 확장·형성·구조·인식해서 정보를 제공해주는 능력을 포함하고 있는 기술이다. 예를 들어, 기존 인터넷에서 공적 말하기 스피치와 토론에 대한 정보를 조사하면 기존의 사이버 영역에 산재해 있는 관련 자료들을 시간 또는 조회 수에 따라 일괄적 리스트를 보여주고 사용자가 선택하여 찾아보는 형태였다. AI에게 3분 정보 제공 공적 말하기 또는 4분 설득 스피치 대학 강의에 적절한 주제로 만들어달라는 명령을 입력하면 AI가 자신의 자율성과 학습 능력을 기반으로 학생의 공적 스피치를 작성해준다. 라르손의 정의 중 AI에 대한 다른 하나의 정의는 "AI는 복합적인 지원체계를 가지고 있는 형태이며 이는 정보에 대한 음성,

이미지, 재구성, 재생산 등 사람들에게 정보를 다양하게 전달해줄 수 있다"는 것이다. 이를 다르게 해석하자면, AI는 사용하는 인간의 명령문을 통해 단순한 정보 전달이 아니라 사용자가 원하는 만족스러운 정보와 전달을 해줄 수 있는 종합개념의 지식체계라고 할 수 있다.

여기서 중요한 질문은 과연 사용자가 윤리적으로 AI를 사용할 수 있느냐는 것이다. 학생들이 3분 자기소개 정보 제공 스피치를 준비하고 조사하는 시간은 대체로 반나절 또는 하루가 걸린다고 한다. 또 학생들이 2:2 교차조사를 특정 질문을 찾아서 토론 형태로 만들어가는 시간은 며칠 또는 한 주가 걸린다고 한다. 하지만 AI의 지원을 받으면 이러한 긴 시간과 노력이 현저하게 줄어들 수도 있고, 또는 AI가 대신해서 완벽한 공적 말하기 스피치와 토론의 형식을 제공해줄 수 있다. 여기서 중요한 것은 아마도 윤리적 문제일 것이다.

AI를 사용하는 학생들의 편리함과 유용성을 고려하면 AI에 의존하는 리서치 방법과 이를 사용하는 것은 윤리적일 수도 있고 또는 윤리적이지 않을 우려가 발생한다. 윤리라는 것은 다음 절에서 설명하겠지만, 간단하게 보면 인간이 삶을 통해 가장 기본적으로 지켜야 할 개인적인 도덕 개념이다. 도덕 또는 윤리의 범위에는 인간의 기본적인 책임성, 투명성, 결정권, 읽고 쓰는 능력, 공정성 등과 같은 개념이 포함된다. 이러한 AI 시대의 윤리적 상관관계에서 공적 말하기 또는 스피치와 토론 교육을 중심으로 어떤 점을 고려해야 하는지 알아보겠다. 또한 그 관점에 어떻게 접근해야 하는가에 대해 설명을 이어나가고자 한다.

2
AI 윤리 시대의
스피치와
토론에 대한 이해

1) AI: 새로운 자율적 미디어 테크놀로지

여기서는 AI 윤리와 공적 말하기 관련 부분을 설명하기에 앞서 새로운 자율적 미디어 테크놀로지로서 기본적인 AI의 역사를 통해 AI가 기존 미디어와 다른 점을 찾아보고 AI의 중요성에 대해 알아보겠다. AI의 역사는 사람들이 인식하는 것보다 오래되었다고 보인다. 1950년대부터 AI의 개념과 발전이 시작되었고 약 70년간의 시작, 발전, 머신러닝, 딥러닝, 강화학습, 알고리즘 병합 그리고 현재의 생성형 AI까지 꾸준한 성장과 발전을 해오고 있다. 여기서 중요한 AI의 발전은 '자율성'의 확립이라고 볼 수 있다. 기존의 미디어 또는 인터넷 기술은 인간의 명령에서만 특정 정보를 제공하는 형태이지만, AI는 스스로 정보를 찾아내고 확장·변화시키는 능력, 즉 머신러닝과 딥러닝이라는 독특한 형태를 포함한다. 〈표 6-1〉에서 미디어 발달사를 간단하게 살펴보자.

<표 6-1> 미디어 발달사

단계	시기	단계별 내용
1단계	1920년도: 신문	20세기 초반 이후 근대적 신문으로 출발
2단계	1927년도: 라디오	1920년도 이후 라디오 방송 대중화
3단계	1960년도: 텔레비전	1960년도 이후 텔레비전 방송 대중화 시작
4단계	1990년도: 인터넷	1990년도 이후 인터넷 상업화와 대중화 시작
5단계	2000년도: 이동전화와 소셜미디어	2000년도 이후 스마트 이동전화 대중화
6단계	현재와 미래	스포츠-미디어와 상호연결이 확대되면서 급격히 변화하고 자율적으로 진화하는 인터넷 기반의 분야인 인공지능(AI), 증강현실(AR), 디지털 문자 메시지, 인스턴트 메시지, 사물 인터넷(IoT), 메타버스, 온라인 게임, 가상세계, 가상현실(VR), 세계 소셜 네트워킹 사이트 등

1단계에서 5단계까지 미디어 또는 정보 전달 방식은 인간이 중심이 되어 정보를 입력하고 전송하는 형식이다. 다른 말로 하자면, 인간의 정보취득 과정은 누군가가 입력해놓은 정보를 받아서 사용하는 기계적인 형태였다. 하지만 6단계의 AI 기반은 정보 전달 기계 자체가 정보를 축적·재생산·재분배·재구성할 수 있는 형태다. 즉, 인간이 아닌 기계가 스스로 정보를 어느 정도 조정할 수 있는 능력을 갖추고 있다고 볼 수 있다. 특히, 미주리(Missouri) 대학의 두 연구자 시아우(Siau)와 왕(Wang)에 의하면, AI 기술은 자동 얼굴인식, 자율주행, 자율적 의료 진단, 자율적 경제 관련 자료생산 등을 자율적으로 전달해줄 수 있다.

이 정의들을 다시 한번 해석해보자면, 대부분의 AI 정의가 '자율적'이라는 단어에 중심을 두고 있다. 이러한 예를 학문적 범위에서 이해한다면, AI는 아마도 학생들이 스스로 해야 하는 공부와 연구를 테크놀로지 자체의 자율성을 기반으로 AI 자신이 완성한 후에 전달할 수도 있다는 것이다. 따라서 AI에 접근할 때는 기술의 자율성과 인간의 자율성에 대해 깊은 인식을 해야 할 것이라고 본다. 과연 누구의 자율성에 많은 무게를 두고 AI를 학문적으로 사용해야 할 것인가다.

2019년 하버드대학 매거진에서는 AI를 "AI는 인간의 신호 또는 프롬프트를 받도록 설계할 수 있는 시스템으로, 명령 입력 후에 AI 스스로 입력 문제를 해결할 수 있으며, 문제를 파악하고 위험을 평가·예측하며 조처한다"고 정의했다. AI의 여러 다양한 정의를 정리해보면, 위에서 보는 것처럼 중요 패턴은 스스로 정보를 재구성할 수 있다는 것이다. 일반적으로 필요한 정보를 재구성한다는 것은 사용자, 즉 사람들의 기호에 의해 디지털 공간에 저장되고 사용된다. 이를 대학 교과과정 중 스피치와 토론에서 예를 들면 다음과 같다. 〈그림 6-1〉은 학생들이 "4분 동안의 흥미 있는 주제로 설득 스피치 구성을 해줘"에 관한 자료

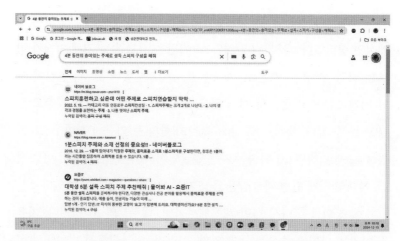

〈그림 6-1〉 구글에 나타난 명령문 입력 후의 자료 검색 결과

명령문 입력 후에 순서대로 나열된 스피치와 토론에 관한 자료들이다.

이렇게 나열된 자료를 학생들이 자신에게 중요한 순서대로 선택해서 사용하는 방식이다. 하지만 AI 시대에는 학생들이 같은 명령문인 "4분 동안의 흥미 있는 주제로 설득 스피치 구성을 해줘"라고 명령문을

〈표 6-2〉 Chat & Ask AI에 나타난 명령문 입력 후의 자료 검색 결과

주제: 디지털 디톡스의 중요성

안녕하세요, 여러분. 오늘은 우리가 사는 디지털 시대에서 점점 더 중요해지고 있는 '디지털 디톡스'에 대해 이야기하고자 합니다. 여러분은 하루에 스마트폰을 얼마나 자주 사용하는지 생각해보신 적 있나요? 통계에 따르면 평균적으로 우리는 하루에 3시간 이상을 스마트폰 화면 앞에서 보내고 있습니다. 이는 우리의 정신건강과 대인관계에 부정적인 영향을 미칠 수 있습니다.

첫째, 디지털 기기는 우리의 집중력을 떨어뜨립니다. 연구에 따르면, 스마트폰 알림이 우리 뇌의 집중을 방해하며, 짧은 시간 안에 여러 가지 일을 하려는 멀티태스킹은 오히려 생산성을 저하시킵니다. 그래서 우리는 한 번에 한 가지 일에 집중하는 것이 얼마나 중요한지 깨달아야 합니다.

둘째, 디지털 기기가 우리의 수면 패턴에도 영향을 미칩니다. 잠자기 전 스마트폰을 사용하면 블루라이트가 우리의 수면 호르몬인 멜라토닌 분비를 방해합니다. 결과적으로 우리는 깊은 잠을 이루지 못하고, 다음날 피로감이 쌓이게 됩니다.

셋째, 소셜미디어는 우리의 자아존중감에 부정적인 영향을 미칩니다. 다른 사람들의 화려한 삶과 비교하면서 우리는 자연스럽게 불안감을 느끼고, 이는 우울증으로 이어질 수 있습니다. 디지털 디톡스를 통해 우리는 이러한 비교에서 벗어나 진정한 나를 찾을 수 있습니다.

이제 여러분에게 제안합니다. 매주 하루, 혹은 몇 시간을 정해 스마트폰을 멀리하고 진정한 일상에 집중해보세요. 친구와의 대화, 자연을 산책하는 것, 독서 등 다양한 활동을 통해 여러분의 삶의 질을 높일 수 있습니다.

결론적으로, 디지털 디톡스는 우리에게 필요한 휴식입니다. 여러분도 이 기회를 통해 더욱 건강하고 행복한 삶을 누릴 수 있기를 바랍니다. 감사합니다.

입력하면 위의 〈표 6-2〉와 같이 출력된다.

인터넷 구글과 Chat & Ask AI에 같은 명령문 "4분 동안의 흥미 있는 주제로 설득 스피치 구성을 해줘"라고 입력한 결과는 상당히 다른 형태의 자료 결과를 보여준다. 〈그림 6-1〉처럼 기존의 인터넷 자료 검색 결과는 학생 스스로 검색자료를 다시 조사하고 배치해서 자신의 설득 스피치를 창의적으로 구성하는 작업을 진행해야 한다. 하지만 〈표 6-2〉에서 보여주는 것처럼 AI 자료 검색 결과는 AI 스스로 설득 스피치에 흥미 있는 주제를 선정하고 주제에 맞는 구성을 학생에게 제공한다. 여기서 중요하게 봐야 할 사안은 다음과 같다. 학생들이 스스로 해야 하는 과제 또는 시험을 AI는 단 몇 초면 어느 정도 해결해줄 수 있는 능력을 보여준다. 이때, 학생들은 이와 같은 AI의 자료들을 그대로 사용해도 될 것인가 하는 초보적·윤리적 접근에 맞닥뜨린다. 다시 한번 말하자면, "AI 시대에 학문적으로 AI 스스로 제공하는 정보와 자료들을 학생들이 여과 없이 사용할 수 있는 범위는 어느 정도일까?" 같은 질문이다.

2) AI 시대 윤리적 영역

각 시대를 살아가면서 사람은 자신이 윤리적인가라는 질문을 하곤 한다. 이 질문은 다른 말로 하면 '내가 사회에 반사회적이지 않고 도덕적으로 적합한 사람인가?'라는 질문이다. 하지만 윤리라는 것은 눈에 보이지 않는 추상적인 개념이다. 또한 윤리 개념은 그 근원이 다양하고도 다르게 해석될 수도 있다. 대표적으로 윤리는 세 가지로 나누어진다. 첫 번째로 공리주의에 기반을 둔다. 두 번째로 칸트의 윤리적 해석의 범위에 둔다. 세 번째로 소크라테스의 덕에 연결된 윤리 영역이 있다. 소개한 세 가지 영역 외에도 모든 개인의 윤리가 다양한 사회문화적 환경에서 존재한다. 특히 공적 말하기 또는 스피치와 토론은 공리주의 부분에서 설명하겠다. 이러한 다양한 윤리에 대해 인간은 우리 자신이 사회 안에서 윤리적으로 살아가고 있는가에 대한 궁금함이 있다. 그중 하나가 자신들이 윤리적으로 정보를 찾고 획득하고 있는가다. 사람들은 분명하게 본인이 윤리적으로 정보를 얻고 있는지 생각해야 한다. 그렇지만, 이러한 윤리적 인식을 항상 하는 것은 쉽지 않다.

앞에서 언급했지만, 윤리라는 것은 다양하게 정의되고 구분된다. 일상생활에서 윤리라는 것은 사람들이 일반적으로 올바르게 따르고 행하는 것이라고 할 수 있다. 다시 말해, 인간이 보편적으로 행하는 것이라고 할 수 있다. 쉽게 이해한다면 윤리는 사람들이 가장 쉽게 올바른 일을 해야 한다는 도덕적 개념도 내포한다고 생각한다. 예를 들어 소크라테스의 윤리적 관점을 사례로 든다면, 그의 윤리라는 것은 보편주의 또는 주지주의적 윤리에 대한 접근이다. 하지만 윤리라는 대명제를 인간과 사회는 종종 잘 따르지 못하고 항상 문제를 내포하고 있다. 아마도 AI 시대의 윤리도 가장 쉽게 따를 수 있는 도덕적 개념일 수 있지만, 가장 문제가 될 수 있는 윤리적 문제가 될 가능성이 있다고 보인다.

또한 AI에 관한 윤리적 접근에 대해서도 가장 일반적이고 보편적인 사례를 들어 이야기하고자 한다. 여기서는 글로벌 시스템과 여러 사안에 적합하고 범지구적 교육에 관한 양질의 조사 결과를 보여주는 유네스코(UNESCO, United Nations Educational, Scientific and Cultural Organization)의

AI 윤리적 정책을 살펴보겠다.

유네스코는 Artificial Intelligence 홈페이지를 중심으로, 특히 AI in Education과 Ethics of AI를 통해 AI 교육과 윤리적 사안이 중요하게 인식되어야 한다고 알려주고 있다. 유네스코는 AI가 사용하는 사람, 사회, 인류에게 네 가지 좋은 환경을 제공하는 것이 목적이라고 설명하고, AI에 대한 윤리적 이해를 보여주고 있다. 첫 번째로, Human rights and human dignity(인권과 인간의 존엄성), 두 번째로 Living in peaceful(인간의 평화로운 생활), 세 번째로 Ensuring diversity and inclusiveness(다양성과 포용성 보장), 네 번째로 Environment and ecosystem flourishing(환경과 생태계의 번영)이다. 특히, 이 절에서는 위의 네 가지 윤리적 접근에서 첫 번째인 Human rights and human dignity(인권과 인간의 존엄성)을 중심으로 설

〈표 6-3〉 유네스코의 AI 시대 10가지 윤리적 제시

1	Proportionality and Do No Harm(비례성과 해를 끼치지 않음)
2	Safety and Security(안전 및 보안)
3	Right to Privacy and Data Protection(개인정보 및 데이터 보호에 대한 권리)
4	Multi-stakeholder and Adaptive Governance & Collaboration(다중 이해관계자 및 적응형 거버넌스 및 협업)
5	Responsibility and Accountability(책임 또는 책임성)
6	Transparency and Explainability(투명성과 설명 가능성)
7	Human Oversight and Determination(인간의 관리와 결정권)
8	Sustainability(지속성)
9	Awareness & Literacy(인식과 읽고 쓰는 능력)
10	Fairness and Non-Discrimination(공정성과 차별금지)

출처: UNESCO. n.d. UNESCO Ethics of Artificial Intelligence. https://www.unesco.org/en/artificial-intelligence/recommendation-ethics

명하겠다. 유네스코는 또한 인간의 존엄성에 관한 AI 시대의 윤리적 방향을 위의 〈표 6-3〉과 같이 세부적으로 10개 항목으로 구분한다.

유네스코는 여러 가지 신경 써야 할 AI 시대의 윤리적 문제 영역 중 가장 중요한 인권과 인간의 존엄성에 중심을 두고, 동시에 관련 부분을 10가지로 구분하여 AI를 사용하는 사람, 사회, 인류에게 제안한다. 여기서는 모든 AI 윤리적 사안에 관심을 두기보다는 특히 현재 대학교육과 학생들에게 필요하다고 생각되는 〈표 6-3〉에서의 책임성, 투명성, 결정권, 읽고 쓰는 능력, 공정성에 관해 이야기하려고 한다. 서두에 사례를 들었던 학생들의 대학 수업 진행 중에 사용하는 AI 정보는 과연 유네스코가 제시하는 윤리적 영역에 따르고 있는가에 대해서다. 예를 들어, 스피치와 토론을 진행 중이던 학생과 대화 중 한 사례를 들자면 다음과 같다.

교수자: 토론의 주제 설정은 팀원과 여러분의 언어로 상의하여 이론을 중심으로 창의적으로 생각하는 것이 좋습니다. 자, 20분 동안 주제에 관해 토론해주세요.

학생 A: 토론 주제 설정을 ChatGPT에 물어봐도 되나요?

학생 B: (팀원들에게 이야기한다.) 모두 ChatGPT에서 찾아보고 좋은 주제가 나오면 함께 토론해보자.

[토론팀 학생들의 모습: 토론 주제에 대한 이야기보다는 팀원 모두 AI에게 명령어 또는 명령문을 실행하고 있다.]

학생 B: 교수님, AI가 이러한 주제를 보여주는데 토론 주제로 어떨까요?

교수자: 그 결과가 학생들의 창의적인 생각입니까? 아니면

학생 A & B: 이렇게 하면 안 되나요?

이 대화를 유심히 살펴보면, 교수자는 분명히 토론 주제를 정할 때 학생 자신의 경험적 언어를 통해 창의적으로 생각해야 한다고 강조했지만, 어느새 창의적이라는 단어는 사라지고 학생들은 AI가 보여주는 토론 주제를 그대로 정하려고 하는 경우가 있다. 이와 같이 AI의 윤리적 측면에서 학생들은 지켜야 할 윤리적 범위를 인식하지 못할 가능성이 있다고 보여진다. 광범위하지만, 유네스코 AI 시대의 윤리적 방향 제시를 통해 학생들의 교육에서 종종 잊고 지나갈 수 있는 학생 개개인의 학문적 책임성, 투명성, 결정권, 읽고 쓰는 능력, 공정성을 중요하게 전달하려고 하고 있다.

이러한 부분에서 가장 중요하게 확인해야 하는 것은 학생 개개인이 자유로운 환경에서 AI 윤리 범위를 설정하는 것이다. 예를 들어, 학생들의 학업 중 어느 정도 AI에 의존해야 하는가에 관한 질문이다. 또한 대학교육에서 AI에 대한 의존성은 어느 정도인가? 학생들이 AI의 정보를 어느 정도 학문적 또는 윤리적으로 신뢰하는가? 등에 관한 질문들이다. 이러한 질문을 중심으로 학생 자신들이 AI로부터 전달받은 정보를 사용하며, 동시에 학문적 윤리의 테두리 안에서 사용하고 있다고 인식할 수 있는 환경이 만들어져야 한다고 본다.

서두에서 언급한 것처럼 자연과학적·기술적 진보와 미디어 또는 인터넷 기술의 발전은 언제나 급속한 속도로 빠르게 지나간다. 하지만 인문학과 사회과학이 이러한 자연과학의 기술적 발전을 항상 맞추어 발전하는 것은 어렵다고 본다. 특히, AI 기술은 상당히 빠르게 발전하고 있다. AI의 윤리적 환경은 유네스코 같은 대표적인 조직에서 제시하고 있지만, 현실 교육에서 AI의 윤리적 교육은 아마도 시간이 걸릴 것으로 보인다. 하지만 앞으로 펼쳐질 AI의 광풍과도 같은 영향을 생각하면 AI에 대한 윤리적 교육은 무엇보다 중요하다고 생각한다.

제안한다면, AI의 윤리적 정책이 제시되고 있지만 중요한 방향은 AI 윤리적 교육보다는 학생들이 교육환경 내의 한두 가지 영역에서 인간의 존엄성을 중심으로 AI 정보에 대한 개인적 책임감과 공적인 공정성을 중심으로 시작해서 다른 AI 윤리적 영역으로 확장하는 것이 좋다고 생각한다. AI 시대의 윤리적 인간상은 기존 최소한의 윤리적 개념을 인식하며 이를 다시 실용적으로 교육받고 이해하는 방법부터 시작하는 것도 바람직한 방법이라고 생각한다.

3) AI 윤리와 공적 말하기 스피치와 토론

지금까지 AI의 자율적 정보 전달 기술과 이에 대한 윤리적 범위를 알아보았다. 여기서는 그러한 AI의 기술적 그리고 윤리적 특성을 중심으로 AI 시대의 윤리와 공적 말하기(스피치와 토론)에 대해 이야기해보려고 한다. 과연, 공적 말하기 또는 스피치와 토론 영역에도 윤리가 있는지에 대해 질문하자면 다음과 같이 답할 수 있다. 앞에서도 설명했지만, 윤리라는 것은 일반적으로 사람이 사회에서 살아가면서 인식해야 할 보편적인 행동 또는 양식으로 이해된다. 공적 말하기 교육은 오래전부터 다양하게 시행되고 있다. 공적 말하기 환경은 지역의 문화와 환경에 따라 여러 가지 다양성이 존재한다. 사회학적으로 예를 든다면, 공적 말하기 교육은 오랫동안 역사를 통해 각각 다른 사람, 사회, 국가, 종교, 계층, 소득, 계급, 성별, 학력 등으로 구분되며 다양하게 습득하거나 교육을 받는다.

필자가 몸 담고 있는 성균관대학교에서는 〈스피치와 토론〉 과목을 통해 공적 말하기 교육을 하고 있는데, 실습 과정을 거쳐 자신의 언어로 사회에 메시지를 전달하는 방법을 가르치고 있다. 특히, 1학년 학생들은 대학 입학과 동시에 〈스피치와 토론〉 교과목을 이수하면서 향후 대학에서 자기 의견과 생각을 학문적 그리고 윤리적으로 표현하는 언어적 방법을 학습한다. 이는 학생들에게 매우 중요한 과정이라고 생각한다. 대학에서 자기표현 방법은 두 가지인데, 첫 번째는 말하기이고 두 번째는 글쓰기다. 대학에서 학생들이 학점을 받는 것은 이 두 가지를 통해서다. 학생 평가의 주된 방법은 학생의 발제, 리포트, 시험이다. 만약에 이 두 가지 표현 방법을 윤리적 또는 학문적으로 학습하지 않는다면 대학에서 본인 표현 방법은 상당히 어려울 것이다. 따라서 말하기는 대학에서 가장 기본적으로 중요하게 학습해야 할 교과목이다.

성균관대학교 〈스피치와 토론〉 교과 과제 출간위원회에서 펴낸 『소통의 기초: 스피치와 토론』 서두에 보면 스피치와 토론 교육의 네 가지 주요 항목을 제시한다. 첫 번째로 공적 자아 개발, 두 번째로 의사소통 능력 함양, 세 번째로 비판적 사고 능력 향상, 네 번째로 민주 시민 의식 함양이다. 이러한 구분은 기본적으로 공적 말하기의 세 가지 중요한 철학적 배경이라고 할 수 있는 수사학 삼각형(Rhetorical Triangle)인 로고스(logos), 에토스(ethos), 파토스(pathos)의 관계를 중심으로 한다. 그러면 이것이 윤리와 어떤 관계가 있는지 알아보자. 우선, 공적 말하기는 도덕적이고 윤리적이어야 한다. 화자는 공적인 자리에서 책임감 있는 말하기를 해야 한다.

또한 공적 말하기의 중심은 정확한 출처의 올바른 지식 습득에서 출발해야 한다. 그리고 청자의 자세도 윤리적이거나 도덕적 환경에서 경청하는 모습을 보여야 한다. 이러한 거시적인 공적 말하기 또는 스피치와 토론을 통해 사회 안에서 올바른 정보가 전달되고, 다른 사람과의 신뢰가 만들어지며, 윤리적 환경으로 연결되는 사회가 형성될 가능성이 크다. 이처럼 화자와 청자의 관계는 올바른 공적 말하기를 통해 윤리적 관계를 만들어내고 지속하는 것이 무엇보다 중요하다.

이와 같은 공적 말하기는 다양한 윤리적 관계 선상에서, 특히 공리주의적 환경에 적합하다고 생각한다. 공리주의적 접근에서 공적 말하기는 행복에 기반한 말하기(스피치 또는 토론)를 중심으로 많은 사람의 정보충족 욕구에 만족을 줄 수 있는 최대 다수가 누릴 수 있는 윤리적 연관성이 있다고 본다. 이 사안의 확장은 공적 스피치를 통해 공적 사회 전반의 정치적·경제적·문화적 다양한 이익을 증진하는 동력이 될 가능성이 있다고 생각한다.

인간은 장구한 시간의 역사를 지나오면서 공적인 환경에서의 말하기 경험과 교육을 시행해왔다. 오래전 그리스 현자들의 화려한 수사학을 중심으로 한 말하기를 필두로 해서 현재 21세기 AI 시대를 살아가고 있다. 각기 다른 공적 말하기 시대에서 지켜야 할 윤리적 덕목들도 함께 발전해왔다고 볼 수 있다. 하지만 이러한 발전은 AI 시대에 와서 더욱 그 중요성을 인식해야 한다고 본다. 그 이유 중 하나는 바로 공적 말하기 또는 스피치와 토론의 핵심인 인간 자체에 대한 창의성을 중심으로 공적 말하기가 시작되는 중요성이다. 하지만 현대 AI 시대의 공적 말하기는 말하는 사람의 창의성보다는 AI 기술에 많이 의존하는 모습을 보여주고 있다.

이것은 위에서 언급한 공적 말하기의 수사학 삼각형에서 가장 기본적인 로고스(logos), 즉 개인마다 창의적인 학문적 정보 축적의 행태가 AI의 영향으로 사람들의 AI 의존도가 커져가고 있다고 생각한다. 로고스의 변화는 직접적으로 말을 하는 화자의 에토스(ethos)로 연결된다. 화자의 윤리적·공적 말하기의 모습이 변하면 그다음은 청자의 정보 전달에 대한 윤리적 환경에 영향을 준다고 가정할 수 있다. 그러한 결과로, AI 시대 공적 말하기의 윤리적 문제는 조금 더 해결하기 어려운 문제가 될 가능성이 있다고 본다.

이러한 상황을 유심히 지켜본다면, 현재 AI 시대의 가장 중요한 윤리적 덕목은 아마도 인간이 기술로부터의 의존성을 줄여나가는 방법일 수도 있다고 본다. 따라서 공적 말하기 교육의 중심은 AI의 속도감 있는 기술적 발전을 인식하고 인간 본연의 창의성을 중심으로 진행되어야 한다고 생각한다. 또한 공적 말하기에서는 AI도 윤리적으로 사용되어야 한다고 본다. 나아가 변화하는 AI 시대에 적합하게 공적 말하기 교육 방법으로 사용되는 교재와 방법적인 부분도 함께 변화되고 발전해야 한다고 생각한다.

3
AI 윤리 그리고
스피치와 토론에 대한 전망

지금까지 빠르게 발전하고 어느새 우리 생활의 한 부분이 되어가는 AI와 보이지 않는 인간의 중요한 개념이자 덕목인 윤리를 대학에서 중요한 과목이 되어가는 공적 말하기 또는 스피치와 토론이라는 영역을 통해 알아보았다. AI 과학기술은 인간이 현실에서 인문적·사회적으로 생각할 시간을 충분하게 주지 않는다. 다른 말로 표현하자면, 급속도로 변하는 기술의 현실을 인간의 본성이 속도를 맞추는 것 자체가 버거울 때가 많다. 이러한 사례는 미디어의 발전사를 들여다보면 쉽게 알 수 있다. 하지만 윤리라는 것은 항상 사람들에게 무거운 숙제와 같이 함께해오고 있다. 사람이니까 지켜야 할 도덕적 덕목이면서 지키지 않으면 사회에서 존재하기 힘든 엄중한 개념이다.

그리고 공적 말하기 또는 스피치와 토론의 영역은 AI와 윤리라는 거대한 개념 사이에서 어느 곳에 있어야 할지 방황하기 시작했으며, 우리는 이러한 문제를 가능하면 빨리 찾아 개선해야 한다고 본다. 하지만 그 자리를 찾을 수 있을지는 아직 확언하기 어렵다. AI는 가장 빠르게 변하는 가시적 기술이고, 윤리는 변하기 쉽지 않은 인간의 형이상학적·추상적 개념이다. 따라서 현실적임과 동시에 추상적인 이 두 개념이 적합하게 연결될 수 있도록 많은 도전과 시간을 내주어야 한다고 생각한다.

이 장을 작성하기 전에는 글을 어떻게 전개해야 할지 어려웠지만, 때마침 2024년 노벨상 수상자들의 수상소감은 이러한 AI 기술의 발전과 윤리적 연관성을 유심히 지켜볼 수 있는 기회를 제공해주었다. AI와는 관련이 없지만 이 장의 맥락과 비슷한 올해 노벨 문학상 한강의 수상소감을 빌려보자면, "문학을 읽고 쓰는 일은 생명을 파괴하는 행위와 반대"라는 말과 비슷한 생각이 든다. AI가 벅찬 존재가 될 수도 있지만, 인문학적 또는 사회학적 인식과 윤리라는 개념으로 이를 지켜보아야 한다고 생각한다.

AI 윤리와 공적 말하기로 돌아와서 정리한다면, 스피치 즉 공적 말하기는 인간의 가장 기본적인 말하기 교육이며 이 말을 통해 공적 메시지가 전달되고 이 메시지는 많은 사람과 사회에 영향을 준다. 오랜 시간 동안 인간은 이러한 과정에서 AI라는 새로운 기술과 역사적으로 만나게 되었다. 분명한 것은 인간의 공적 말하기도 AI의 기술에 의해 많은 변화가 있을 것이다. 또한 우리는 이러한 변화를 예측하고 지켜봐야 한다. 그 과정에서 여러 가지 방법이 있을 것이지만, 윤리라는 중요한 개념이 그 초석이 되지 않을까 한다. 그 초석 중에서 가장 우리가 관심을 두고 봐야 하는 것은 인간의 기본적인 말하기를 통해 인간의 기준이 되는 창의성, 공정성, 결정권 등과 같은 기본적인 윤리적 요소들이다.

캐나다의 미디어학자 마셜 매클루언은 "미디어는 인간 몸의 확장"이라고 표현했다. 인간의 커뮤니케이션 능력은 옆 사람과의 대화로 없어지는 음성과 말이 아니라 미디어를 통해 더 많은 사람에게 전달될 가능성이 있다. 또한 이러한 자신의 말은 공적으로 많은 사람에게 영향을 줄 가능성이 있다. 20세기 후반을 거치면서 인터넷 기술은 개인의 말하기를 사적 영역에서 공적 영역으로 변화시켰다. 다시 말해, 20세기 후반부터 개인적인 말하기는 과학발전 특히 미디어화된 커뮤니케이션을 통해 공적화되는 시기였다. 특히, AI 기술은 이러한 공적 말하기 역량을 한층 더 발전시키고 있다. 개인의 말이 자신도 모르는 사이에 AI의 어느 부분에 정보로 보관되고, 이러한 정보가 어느 곳에서 AI로 인해 윤리적으로 다른 사람들에게 전달되고 사용될지 알 수 없으며, 사회에 어떤 영향을 전달할지 모르는 시기인 것으로 보인다. 이는 공적 말하기 또는 스피치와 토론 교육, 학습이 그 어느 때보다 윤리적 또는 학문적으로 중요한 시기가 도래했다는 의미로 받아들일 수 있다고 본다. 마무리하면서, 발전하는 기술을 사용하지 않을 수는 없지만 인간 윤리의 변화도 숙고해야 한다. 특히, 인간의 가장 기본적인 행동인 말하기에 대한 윤리와 AI 기술 발전의 관계는 우리에게 쉽지 않은 질문을 던지고 있다.

AI
스.
토.
리.

AI를 활용해본 〈스피치와 토론〉 교수들의 리포트

PART

07

〈스피치와
토론〉에서
AI 활용에 대한
대담과 설문:

〈스피치와 토론〉
교수들과 학생들

※ 이하 대담 내용은 7명의 교수님이 5시간 동안 대담을 나눈 내용을 AI를 활용하여
   전사·요약·재구성한 것임.

대담 1
대학 인문교양 교수로서 생성형 인공지능을 만나기 전의 견해와 소감

사회자: 교수님들, 생성형 인공지능(AI)을 아직 경험하지 않았을 때, 또한 강의에 아직 활용하기 전에 어떤 생각을 갖고 계셨는지 말씀 부탁드립니다.

교수 1: 저는 솔직히 걱정이 많았습니다. 과거 인터넷이나 소셜미디어가 처음 등장했을 때도 그랬죠. 새로운 기술이 가져오는 변화는 언제나 윤리적 문제와 학문적 수용 범위에 대한 고민을 동반합니다.

교수 2: 맞습니다. 특히 AI가 생성하는 정보의 신뢰성 문제는 큰 우려였습니다. 학생들이 이 정보를 어떻게 활용할지, 그리고 그 과정에서 표절 문제가 발생할 가능성도 고민스러웠습니다.

사회자: 그러셨군요. 구체적으로 어떤 부분들이 주요 관심사였나요?

교수 3:   우선, AI 사용에 대해 명확한 가이드라인이 없다는 점이 문제였습니다. 학생들이 AI로 생성한 정보를 과제에 활용할 때 어느 선까지 허용되는지 명확하지 않았습니다.

교수 1:   그렇죠. 더군다나 AI가 제공하는 정보의 신뢰성을 어떻게 검증할 수 있을지도 불분명했습니다. 그 결과, 학생들이 AI를 악용하여 표절할 가능성에 대한 우려가 커졌죠.

교수 2:   또 한 가지 중요한 점은 학생들의 창의성과 비판적 사고 능력이 저하될 수 있다는 것입니다. 만약 AI에 지나치게 의존한다면, 스스로 문제를 해결하고 창의적인 아이디어를 발상하는 능력이 약화되지 않을까 걱정됐습니다.

사회자: 생성형 AI를 처음 접하셨을 때, 이러한 걱정 외에 어떤 감정이 드셨나요?

교수 3:   솔직히 놀랍기도 하고, 동시에 두려웠습니다. AI의 정보 수집, 생성, 추론, 정리, 확장 능력이 너무나도 압도적이었거든요.

교수 1:   저도 비슷한 느낌이었습니다. AI가 인간의 능력을 훨씬 뛰어넘는 시대가 올 것이라는 생각에 대학교육의 역할과 방향을 어떻게 잡아야 할지 심각하게 고민하게 됐습니다.

사회자: 그렇군요. 생성형 AI의 능력에 감탄하면서도 한편으로는 교육자로서의 책임감이 더 크게 느껴지셨겠네요. 감사합니다, 교수님들. 앞으로도 AI와 학문적 환경의 조화를 위해 많은 논의가 필요할 것 같습니다.

대담 **2**
대학 인문교양 교수들이 생성형 AI를 사용해본 이후의 소감

사회자: 교수님들, 생성형 인공지능(AI)을 직접 사용해보신 후 어떠한 견해와 소감을 가지셨는지 말씀 부탁드립니다. 초기에는 우려도 있었던 것으로 알고 있습니다.

교수 1: 네, 처음에는 AI가 생성하는 정보의 신뢰성 문제와 표절 우려, 그리고 학생들의 비판적 사고 능력 저하 가능성에 대해 염려가 많았습니다. 그러나 실제로 AI를 활용해보니, 그런 우려를 극복하고 교육 현장에서 유용하게 활용할 수 있는 다양한 방안을 발견할 수 있었습니다.

사회자: 구체적으로 어떤 점에서 긍정적인 가능성을 느끼셨나요?

교수 2: 저는 자료 탐색과 콘텐츠 제작에서 효율성이 크게 향상되었다고 느꼈습니다. 방대한 자료를 빠르게 검색하고 핵심 내용을 요약해주는 AI의 기능은 연구와 강의 준비 과정에서 매우 유용했습니다. 또한, 학생들에게 실시간 피드백을 제공할 수 있어 학습 경험이 풍부해졌습니다.

교수 3: 저도 비슷한 경험을 했습니다. 특히 AI는 학생들에게 개인 맞춤형 학습을 지원하는 데 탁월한 도구였습니다. 예를 들어, 발표나 토론 수업에서 학생들이 다양한 관점을 고려하도록 돕고, 상대방의 반론을 예측하게 하는 데 큰 도움이 되었죠. 이는 학생들의 논리적 사고와 창의적 문제해결 능력을 키우는 데 기여한다고 생각합니다.

사회자: 그렇다면 AI의 한계도 느끼셨을 텐데, 이에 대해 어떻게 생각하시나요?

교수 1: 맞습니다. AI는 어디까지나 기존 데이터를 기반으로 정보를 제공하기 때문에 창의적 사고나 인간적인 감성 소통을 완전히 대체할 수 없습니다. 그래서 AI를 도구로 활용하되, 인간 고유의 사고력과 소통 능력을 함께 강화하는 것이 중요하다고 생각합니다.

교수 2: 저는 학생들에게도 이러한 점을 강조하고 있습니다. AI를 활용하는 능력뿐만 아니라, AI가 제공하는 정보를 비판적으로 분석하고 창의적으로 응용할 수 있는 역량을 키우는 것이 필요합니다. 이 두 가지가 균형을 이루어야만 AI가 교육 현장에서 진정으로 의미 있는 도구로 자리 잡을 수 있을 것입니다.

사회자:　교수님들께서 직접 AI를 사용하시면서 경험하신 구체적인 사례가 있을까요?

교수 3:　AI를 통해 학생들에게 더욱 풍부하고 심화된 피드백을 제공할 수 있었습니다. 예를 들어, AI는 학생들의 발음, 어휘, 논리 전개를 분석하여 실시간으로 피드백을 제공하고, 개인별 발표 스타일에 맞는 개선 방안을 제시해주었습니다. 이는 학생들이 스스로 자신의 약점을 발견하고 개선하도록 돕는 데 큰 효과를 발휘했습니다.

교수 2:　또 한 가지 사례를 들자면, 토론 수업에서 AI가 제시하는 다양한 관점은 학생들의 논리적 사고와 비판적 사고를 촉진하는 데 유용했습니다. AI는 토론 주제에 대한 자료를 다양하게 제공하고, 상대방의 반론을 예측하는 데 도움을 주었습니다. 이는 깊이 있는 토론을 준비하도록 돕는 역할을 했습니다.

사회자:　마지막으로, 생성형 AI를 교육에 활용하는 데 있어 교수님들께서 강조하고 싶은 점이 있다면 무엇일까요?

교수 1:　AI는 강력한 도구이지만, 어디까지나 보조적인 역할에 머물러야 한다는 점을 명심해야 합니다. 인간의 창의성, 비판적 사고, 그리고 감성적 소통 능력은 AI로 대체할 수 없기 때문입니다. 따라서 AI 활용 교육과 함께 인간 고유의 역량을 강화하는 교육이 반드시 병행되어야 합니다.

교수 2:　저도 동의합니다. 학생들에게는 AI가 제공하는 정보를 단순히 받아들이는 것이 아니라, 이를 분석하고 비판적으로 평가하며 자신의 것으로 소화하는 능력을 길러야 한다고 강조하고 싶습니다. 이러한 교육 방향이 앞으로의 AI 시대에 꼭 필요하다고 생각합니다.

사회자: 소중한 의견 감사합니다. 교수님들의 말씀을 통해 AI가 교육 현장에서 어떻게 활용될 수 있을지 많은 시사점을 얻을 수 있었습니다.

대담 **3**
대학 인문교양 교수들의 인공지능 활용에 대한 찬반 여부

사회자: 그동안 AI를 배우시고 강의에 활용해보셨는데, AI 활용에 대한 찬반 의견을 여쭤보겠습니다. 먼저, AI 활용에 찬성하는 교수님부터 이야기를 들어보겠습니다.

찬성 교수: 네, 저는 AI가 교육 현장에서 매우 유용하다고 생각합니다. 초기에는 AI의 신뢰성이나 표절 문제, 그리고 학생들의 비판적 사고 능력 저하에 대한 우려가 있었습니다. 하지만 실제로 AI를 활용해보니 교육적 효과를 높이는 데 크게 기여할 수 있다는 점을 알게 되었습니다.

사회자: 그렇다면 구체적으로 어떤 점에서 AI가 교육적 효과를 높인다고 보시나요?

찬성 교수: 크게 세 가지로 설명해드릴 수 있습니다.

첫째, 교육 효율성 향상입니다. AI는 방대한 자료를 빠르게 검색하고 핵심 내용을 요약할 수 있습니다. 또한, 학생 개개인에게 맞춤형 학습 자료를 제공할 수 있어 교수자가 더욱 심층적인 교육과 학생들과의 상호작용에 집중할 수 있습니다.

둘째, 학생들의 학습 효과 증진입니다. AI는 실시간 피드백을 제공하고 학생의 학습 수준에 맞는 학습 경로를 제시해 학습 참여도와 몰입도를 높입니다. 그 결과, 학생들의 학습 효과가 눈에 띄게 개선됩니다.

셋째, 새로운 교육 패러다임 구축입니다. AI는 기존의 교육 방식을 혁신하여 학생 중심의 맞춤형 학습 환경을 구축하고 창의적 사고와 비판적 사고 능력을 촉진하는 데 기여합니다.

사회자: 감사합니다. 이번에는 반대 의견을 가진 교수님 말씀을 들어보겠습니다. AI 활용에 어떤 우려가 있으신가요?

반대 교수: 저는 AI 활용이 여러 이점을 제공하는 것은 인정하지만, 그 한계와 문제점도 분명히 존재한다고 생각합니다.

첫째, AI 의존성 심화입니다. AI에 지나치게 의존하면 학생들의 자기주도 학습 능력, 비판적 사고 능력, 그리고 창의적 사고 능력이 저하될 수 있습니다.

둘째, 윤리적 문제입니다. AI가 생성한 정보의 저작권 문제나 표절 가능성, 그리고 AI 기술이 오용될 가능성 등은 아직 해결해야 할 중요한 과제입니다.

셋째, 인간적 요소의 부재입니다. AI는 인간의 감성, 공감 능력, 소통 능력을 대체할 수 없습니다. 특히 교육 현장에서 교수자의 인간적 역할은 여전히 중요합니다. 학생들에게는 AI가 아닌, 인간 교수자와의 소통이 필요합니다.

사회자: 두 분 모두 중요한 점을 지적해주셨습니다. 그렇다면 결론적으로 AI 활용에 대한 교수님들의 입장은 무엇인가요?

찬성 교수: AI는 교육 분야에서 매우 강력한 도구가 될 수 있습니다. 하지만 그것만으로 충분하지 않습니다. 학생들의 비판적 사고와 창의적 사고를 강화하는 인간 교수자의 역할이 중요하며, AI는 이를 보조하는 도구로 적절히 활용되어야 합니다.

반대 교수: 저도 AI의 가능성을 부정하지는 않습니다. 다만, 그 한계와 윤리적 문제를 명확히 인지하고 이를 보완하려는 노력이 필요하다고 봅니다. AI가 모든 문제를 해결할 수 없으며, 인간 고유의 역량을 키우는 교육과 병행해야 합니다.

사회자: AI를 효과적으로 활용하기 위해서는 그 장점과 한계를 모두 고려해야 한다는 점이 공통된 결론인 것 같습니다. 말씀 감사드립니다.

대담 **4**

대학 인문교육에
생성형 인공지능을 활용할 때
교수의 역할

사회자: 대학 인문교육에서 생성형 인공지능(AI)을 활용할 때 교수의 역할에 대해 의견을 듣고 싶습니다. 대학에 AI가 도입되면서 교수의 역할이 어떻게 변해야 할까요?

교 수: 중요한 질문입니다. 저는 교수의 역할이 단순히 지식을 전달하는 것에서 벗어나, 학생들의 자기주도 학습을 돕는 촉진자, 조력자, 그리고 멘토로 변화해야 한다고 봅니다. AI가 방대한 정보를 제공하고 자료를 분석하며, 맞춤형 학습을 지원할 수 있지만, 교수는 AI의 이런 기능을 활용해 학생들이 비판적 사고, 창의적 사고, 문제해결 능력, 의사소통 능력, 그리고 공감 능력을 키우도록 도와야 합니다.

사회자: 흥미로운 관점입니다. 그렇다면, AI 활용을 위해 교수는 어떤 준비가 필요할까요?

교　　수: 첫 번째로, AI 활용 교육을 설계하고 수업의 방향을 설정하는 것이 중요합니다. 교수는 AI의 특성과 기능, 장점과 한계를 정확히 이해해야 합니다. 이를 바탕으로 AI를 교육적으로 활용할 방안을 끊임없이 연구하고 개발해야 하지요. 예를 들어, AI 활용 목표를 설정하거나 AI 기반 교육 콘텐츠를 개발하고, AI 활용 수업 모델과 평가 방식을 설계하는 것이 필요합니다.

사회자: AI 활용을 위해 학생들에게도 필요한 준비가 있을까요?

교　　수: 당연합니다. 학생들에게는 AI 활용 능력뿐만 아니라 AI의 윤리적 사용에 대한 교육도 강화해야 합니다. AI는 강력한 도구이지만 완벽하거나 중립적이지 않거든요. 예를 들어, AI 정보의 신뢰성을 평가하는 법, 표절과 저작권 문제를 이해하는 법, 그리고 AI 기술의 편향성과 오용 가능성을 인지하는 법을 교육해야 합니다. 이를 통해 학생들이 AI를 윤리적이고 책임감 있게 활용할 수 있도록 지도해야 합니다.

사회자: 교수님 말씀을 들어보니, AI 시대에도 인간 고유의 역량이 여전히 중요할 것 같습니다. 이에 대해서는 어떻게 생각하시나요?

교　　수: 맞습니다. AI가 발전할수록 인간만이 가진 창의성, 비판적 사고, 공감 능력, 의사소통 능력, 협업 능력, 문제해결 능력 등이 더욱 중요해질 것입니다. 교수는 AI를 통해 얻은 정보를 비판적으로 분석하고 평가하며, 학생들이 자기 생각과 통찰력을 더해 새로운 지식을 창출하도록 도와야 합니다. 또한, 다른 사

람들과 소통하고 협력하는 능력을 키울 수 있도록 지도해야
합니다.

사회자: 마지막으로, AI와의 협력을 통한 새로운 교육 모델 구축에 대해 한 말씀
부탁드립니다.

교　수: AI는 교수의 경쟁자가 아니라 파트너로 인식해야 합니다. AI
의 강점과 교수의 강점을 결합해 상호보완적인 협력 관계를 구
축할 수 있습니다. 예를 들어, AI 기반 학습 플랫폼이나 AI 튜
터, AI 기반 평가 시스템 등을 활용하면 학생들에게 더 풍부하
고 개인화된 학습 경험을 제공할 수 있습니다. 결국, 교수는 AI
를 효과적으로 활용해 교육의 질을 높이고, 동시에 AI 시대에
필요한 인간 고유의 역량을 함양하기 위해 끊임없이 노력해야
합니다.

대담 **5**
AI 시대에
공적 말하기가 갖는 중요성, 필요성,
그리고 역할은?

사회자: AI 시대가 본격적으로 열리면서 다양한 변화가 나타나고 있습니다. 그중에서도 공적 말하기의 중요성과 역할은 어떻게 변하고 있을까요? 먼저, AI 시대에 공적 말하기가 왜 중요한지 말씀 부탁드립니다.

교　수: 네, AI는 방대한 데이터를 기반으로 텍스트, 이미지, 음성 등 다양한 콘텐츠를 생성하며 정보 전달 방식에 큰 혁신을 가져왔습니다. 그럼에도 공적 말하기, 즉 사람이 직접 소통하는 능력은 더욱 중요해지고 있습니다.

사회자: 그렇다면 AI 시대에 공적 말하기가 중요한 이유는 무엇인가요?

교　수: 세 가지 이유로 말씀드릴 수 있을 것 같습니다.

첫째, AI가 대체할 수 없는 인간적 요소입니다. 예를 들어 감정, 공감, 설득, 유머, 즉흥성 같은 요소는 AI가 따라 하기 어럽습니다. 공적 말하기는 이러한 요소들을 종합적으로 활용해서 청중을 설득하고 공감대를 형성할 수 있는 강력한 도구죠.

둘째, AI가 제공하는 정보의 비판적 해석과 활용이 필요합니다. AI는 방대한 정보를 제공할 수 있지만, 그 정보의 신뢰성과 정확성을 판단하는 것은 결국 인간의 몫입니다. 이를 바탕으로 자신의 경험과 통찰력을 더해 새로운 의미를 만들어내는 것이 중요하죠.

셋째, AI와 인간의 협력적 소통입니다. AI는 정보 수집과 분석, 피드백 제공 등의 역할을 수행하고, 인간은 이를 활용해 더 창의적이고 설득력 있는 메시지를 구성할 수 있습니다.

사회자: 그렇다면 AI 시대의 공적 말하기는 구체적으로 어떤 역할을 할 수 있을까요?

교　수: 크게 네 가지 역할을 말씀드리고 싶습니다.

첫째, 감정적 연결과 공감대 형성입니다. AI가 제공하는 정보와 논리를 넘어, 스토리텔링과 비언어적 표현 등을 활용해 청중과 깊이 있는 공감대를 형성할 수 있습니다.

둘째, 비판적 사고와 문제해결 능력의 촉진입니다. AI가 제공하는 정보를 비판적으로 평가하고 다양한 관점에서 문제를 분석하며 해결책을 제시하는 데 공적 말하기가 중요한 역할을 합니다.

셋째, 설득과 합의 도출입니다. 정보와 의견이 넘쳐나는 시대이기 때문에 논리적으로 주장을 펼치고 상대를 설득하며 합의를 이끌어내는 능력이 중요합니다.

넷째, 리더십 발휘와 사회 참여 촉진입니다. 사회적 변화를 이끌고 행동을 촉구하는 데 공적 말하기가 필수적인 역할을 하죠.

사회자: 결국 AI 시대의 공적 말하기는 인간과 AI의 조화를 이루는 데 핵심적인 역할을 하겠군요?

교　수: 맞습니다. AI는 정보 처리와 분석, 피드백 제공 등을 통해 공적 말하기의 효율성을 높여주고, 인간은 AI를 도구로 활용해 더욱 창의적이고 감성적이며 설득력 있는 메시지를 전달할 수 있습니다. AI와 인간이 협력하면 더 나은 소통이 가능해질 것입니다.

사회자: 오늘 대담을 통해 AI 시대의 공적 말하기가 왜 중요한지, 그리고 어떤 역할을 할 수 있는지 잘 이해할 수 있었습니다. 감사합니다.

설문

AI 기반 〈스피치와 토론〉 강좌 수강생의 AI 융합 강좌 체감도

AI 기반 〈스피치와 토론〉 강좌를 마친 수강생들을 대상으로 설문 조사를 했다. 여기서는 세 가지 주제에 대한 결과를 그래프로 공유한 다. 그래프 변화를 통해 체감도와 선호도를 직관적으로 확인할 수 있 다. 대부분 학생들은 AI 기반 〈스피치와 토론〉 강좌를 수강한 이후 자 신의 AI 소통 역량이 증가했다고 답변했다. 또한 이후 수강 신청에서 AI 융합형 강좌를 선택하겠다고 답변한 비율이 매우 높았다. AI 융합형 강 좌에 대한 학생들의 만족과 요청이 큰 것을 확인할 수 있다.

1. 스피치 교육 이후 역량 증감·체감에 대한 질문과 답변 결과

시작 전 나의 스피치 역량

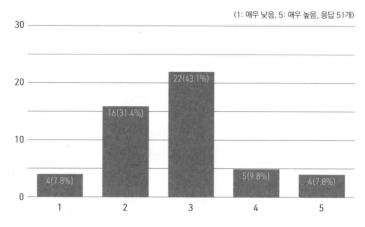

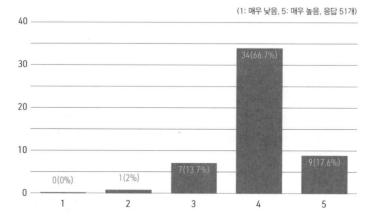마친 후 나의 스피치 역량

2. AI 기반 소통 교육 이후 AI 소통 역량의 증감 · 체감에 대한 질문과 답변

▌시작 전 나의 AI 소통 역량

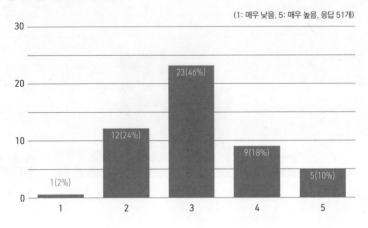

(1: 매우 낮음, 5: 매우 높음, 응답 51개)

▌마친 후 나의 AI 소통 역량

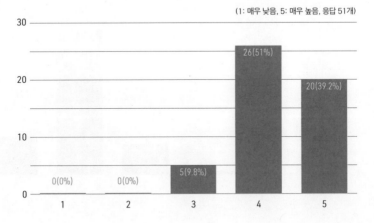

(1: 매우 낮음, 5: 매우 높음, 응답 51개)

3. AI 융합 수업 체험 이후 다음 수강 신청 시 AI 융합 강의를 선택할지에 대한 질문과 답변

▌AI 융합 강의 선호도

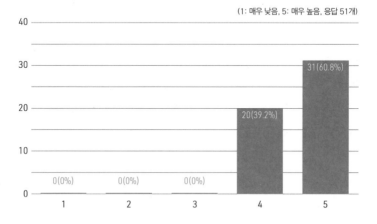

(1: 매우 낮음, 5: 매우 높음, 응답 51개)

〈스피치와 토론〉에서 AI 활용에 대한 대답과 설문: 〈스피치와 토론〉 교수들과 학생들

저자 소개

이상철

성균관대학교 학부대학 의사소통 영역 〈스피치와 토론〉 주임교수다. 1998년 미국 미네소타 주립대학교 스피치커뮤니케이션학과에서 「레토릭 커뮤니케이션」으로 박사학위를 받았다. 한국소통학회(한국스피치커뮤니케이션학회의 후신)·한국수사학회 회장을 지냈으며, 중앙 선거방송토론위원회 위원과 전문위원을 역임했다. 저서로는 『스피치와 토론: 소통의 기초』, 『토론의 방법』, 『하이퍼텍스트와 언어문화의 이해 교육』 등이 있으며, 주요 연구로는 「미국 수사학 평론의 전개와 역사」, 「미국 대통령 TV 토론의 수사 기법과 전략 분석」, 「한국 대통령 선거방송토론회 운영 규정 개선 방안」 등이 있다.

신동진

성균관대학교 학부대학 초빙교수다. 한국정치커뮤니케이션학회 22대 학회장을 맡고 있다. 방송편성 정책으로 학위를 마친 후 방송위원회 선임연구원, MBC 정책전문위원, MBC아카 데미 교수를 지냈으며, 롯데홈쇼핑 시청자위원, 방송통신심의위원회 방송자문특별위원회 위원, 시청자미디어재단 비상임감사를 역임했다. 단국대, 부경대, 중앙대 등에서 미디어커 뮤니케이션학을 강의했다. 타슈켄트와 사마르칸트, 앙코르와트에 대한 아카데믹 탐방 여행 을 통해 역사와 문화, 그리고 커뮤니케이션의 상관성에 대한 관심이 더욱 깊어졌다. 설득과 레토릭, 정치커뮤니케이션에서 리버럴아츠와 미디어, 새로운 테크놀로지와 AI 커뮤니케이 션 연구로 관심을 확장하고 있다. 주요 연구로 "정치광고를 통한 정치인의 홍보에 관한 주관 성 연구(교신저자)", "Marshall McLuhan 미디어론에 대한 수사학적 탐색"이 있다.

심흥식

성균관대학교 학부대학 겸임교수다. 정책홍보 전문가로서 국정홍보처 분석총괄팀장, 경기도 홍보기획관을 거쳐 남북체육교류협회에서 대외협력본부장으로 일했고, 경기신문 논설주간을 지냈다. 경기대학교 정치전문대학원 초빙교수를 역임했고, 서강대·세종대·한양대에서 홍보학, 정치커뮤니케이션론을 강의했다. 주요 저술로는 『한국 언론의 보수와 진보 프레임』, 「청와대 대변인실의 소통 방식에 대한 연구」 등이 있다.

김동규

성균관대학교 초빙교수로 학부대학 〈스피치와 토론〉 강좌를 담당하고 있다. 공적 말하기 분야 실무와 교육으로 30년간 활동 중이며, AI 시대 건강한 시민사회를 위한 공적 말하기의 연구개발, 교육 확산, 실현 달성을 꿈꾸고 있다. 2019년 아리스토텔레스 레토릭 기반의 '21세기 소통 플랫폼 구축' 연구로 박사학위를 받았고, 2025년 'AI 에이전트 기반 스피치 실습 플랫폼 구축' 연구로 AI융합 공학박사논문을 준비 중이다. 공적 말하기 분야 생성형 AI로 sLLM, SLM 개발도 추진 중이다. 레토릭(공적 말하기) 학자로서 성균관대 외에 경희대 언론정보대학원에서 〈수사학〉, 경인교대 교육대학원에서 〈수사학과 소통〉, 수원대에서 〈대중연설의 이해〉를 강의했다. AI레토릭 선도자로서 「디지털 레토릭의 구축의 타당성과 가능성 연구」, 「디지털 시대의 공적 말하기 수업과 AI 피드백」 등 논문과 발표가 있다. 한국수사학회 정보이사, AI경영학회 이사, 그리고 여러 기업의 AI 융합자문으로도 활동 중이다.

한성일

성균관대학교 학부대학 초빙교수다. 서울대학교 국어교육연구소 선임연구원으로 "하이퍼텍스트 시대의 표현교육" 연구를 수행했고, '유머'를 주제로 박사학위를 받은 후 여러 편의 논문과 저서로 유머를 의사소통의 연구영역으로 끌어올리는 데 노력하고 있다. 〈스피치와 토론〉, 〈고전명저 북클럽〉 등의 과목을 가르치며 소통과 인간관계의 중요성에 대해 고민하고 있다. 가천대학교 국어국문학과 교수로 재직했고, 현재 중앙선거방송토론위원회 전문위원으로 활동 중이다.

우상수

성균관대학교 초빙교수다. 학부대학에서 커뮤니케이션 영역 〈스피치와 토론〉 교과목을 담당하고 있다. 2023년 SKKU Teaching Award를 수상했다. 독일언어학 전공으로 출발하여 공적 말하기와 인터뷰, 의료커뮤니케이션, 언어정책, 재구성 연구방법론, ESG와 인문학 등의 분야로 강의 및 연구영역을 넓히고 있다. 『AI 시대 퍼블릭 스피킹』, 『환자를 위하는 의사의 대화법』 등 저서를 비롯하여 『전문가 인터뷰와 질적 내용분석』(공역), 『중병진단 통보대화』, 『의사와 환자의 대화』 등 역서와 「유럽 통합과정에서 나타난 독일의 대외언어정책과 그 비판」 등 논문이 있다.

전영란

「TV 토론에 나타난 선거 캠페인 수사에 관한 분석」으로 한국외국어대학교에서 언론학 박사 학위를 받았다. 관심 분야는 저널리즘, 정치커뮤니케이션, 커뮤니케이션학, 미디어 내용분석이다. 주요 연구로 "대선 후보자의 정치 수사와 언론보도", "대통령의 이미지 변화 연구", "대한매일신보에 나타난 안중근 관련 보도 분석" 등이 있다. 한국외국어대, 동국대 외 여러 대학에서 강의했으며, 현재 성균관대학교 학부대학에서 학생들과 교류하고 있다. 틈날 때면 무병장수를 기원하며 동네 산책과 전시회, 공연 관람을 즐긴다.

이명선

성균관대학교 초빙교수다. 학부대학에서 〈스피치와 토론〉을 가르치고 있다. 노베르트 엘리아스(Norbert Elias)의 문명화 과정 이론을 연구하는 영국 레스터(Leicester) 학파 회원이다. 스포츠 커뮤니케이션을 사회학적으로 연구한다. 특히, 스포츠 분야의 소수 또는 취약 계층이 사용하는 커뮤니케이션 행태 연구에 관심이 많다. 저서로는 브라질 상파울루대학과 『esporte e sociedade umolhar a partir da globalização』 공동저자이고, 한국에서 『스포츠 커뮤니케이션 인사이트』 발간을 함께했다.